Walter Flex
Zwölf Bismarcks

SEVERUS

Flex, Walter: Zwölf Bismarcks
Hamburg, SEVERUS Verlag 2013
Nachdruck der Originalausgabe von 1925

ISBN: 978-3-86347-238-2
Druck: SEVERUS Verlag, Hamburg, 2013

Der SEVERUS Verlag ist ein Imprint der Diplomica Verlag GmbH.

Bibliografische Information der Deutschen Nationalbibliothek:
Die Deutsche Nationalbibliothek verzeichnet diese Publikation in der Deutschen Nationalbibliografie; detaillierte bibliografische Daten sind im Internet über http://dnb.d-nb.de abrufbar.

© **SEVERUS Verlag**
http://www.severus-verlag.de, Hamburg 2013
Printed in Germany
Alle Rechte vorbehalten.
Der SEVERUS Verlag übernimmt keine juristische Verantwortung oder irgendeine Haftung für evtl. fehlerhafte Angaben und deren Folgen.

SEVERUS

Zwölf Bismarcks

von

Walter Flex

Dieses Buch ist dem
Freiherrn Matthias von Leesen
und der
Freifrau Hedwig von Leesen
zu eigen gegeben.

Inhalt:

		Seite
1.	Der Hugenottenkornett Abraham Bismarck . .	11
2.	Zwei Bismarcks unter schwedischen Fahnen . .	57
3.	Die sibirischen Tage des Herrn Rudolf August von Bismarck	85
4.	August Friedrich von Bismarck und der Feldprediger vom Regiment Prinz Leopold . . .	123
5.	Zwei Tage aus dem Leben des Herrn Carl Alexander von Bismarck:	
	a) Abendgebet an die Mutter	154
	b) Empfindsame Reise zweier Vettern Bismarck	164
6.	Die Lützower in Schönhausen	198
7.	Hans Leerkamp und die Husarenschwadron des Majors Bismarck	217

Vorbemerkung.

Die zwölf in den nachfolgenden Novellen behandelten Ahnen des Fürsten von Bismarck sind:
1. Abraham († 1589)
2. Valentin Busso (1613—1670)
3. Christoph Friedrich (1652—1704)
4. Ludolf August (1683—1750)
5. August Friedrich (1695—1742)
6. Bernd August (1725—1758)
7. Alexander Wilhelm (1704—1793)
8. August Friedrich (1753—1813)
9. Karl Alexander (1727—1797)
10. Ernst (1763—1820)
11. Leopold (1770—1813)
12. Ferdinand (1771—1845).

„Zwei Bismarcks unter schwedischen Fahnen", „Die sibirischen Tage des Herrn Ludolf August Bismarck" und „Hans Leerkamp" sind erstmalig in der Deutschen Roman-Zeitung, das „Abendgebet an die Mutter" und „Empfindsame Reise zweier Vettern Bismarck" in Westermanns Monatsheften, „Der Hugenottenkornett" in der München-Augsburger Abendzeitung, „August Friedrich von Bismarck" in der Täglichen Rundschau erschienen.

Der Hugenottenkornett Abraham Bismarck.

Ein Fähnlein evangelischer Deutscher lag am Abend des 2. Oktober 1569, zur Zeit also, während die französische Erde unter den klirrenden Waffen aller Nationen bebte, auf vorgeschobenem Posten in einer von katholischen Bauern verlassenen Hütte vor dem Gehölz von Moncontour. Sie waren wie viele andere unter dem Pfalzgrafen Wolfgang den französischen Hugenotten zugezogen, die unter des Admirals Coligny Führung den Heerhaufen der guisischen Partei den Vormarsch zu verwehren dachten. Man erwartete einen Hauptschlag für den kommenden Tag.

Ein anstrengender Marsch, Abendmüdigkeit und eintönig niedergehender Oktoberregen verstärkten den durch den Gedanken an die blutige Entscheidung genährten wortkargen Ernst. Man sprach ruhig über die seltsam zerklüftete französische Nation, mit der man durch die gemeinsame Glaubenssache verbunden war und deren verworrene Verhältnisse doch den meisten fremd waren. Wunderliche Mißverständnisse, die hin und wieder während des Gesprächs zutage traten, weckten kein lautes Lachen, sondern nur nachdenkliches Lächeln.

Ein älterer schwäbischer Edelmann von stiermäßigem Körperbau und wetterfarbenem Landsknechtgesicht sprach: „So ist es nun: durch tausend Jahre ist uns der Glaube in römischen Lauten verfälscht worden. Nun prozessieren wir unter französischen Advokaten mit welschen Brocken um ihr und unser Recht. Wenn ich hier bleiben sollte, wer kann sagen, wie lange mein Büblein daheim noch deutsch wird beten dürfen?"

Ein junger Kornett mit dem altmärkischen Namen Bismarck beugte lächelnd den schlanken Leib zu dem Alten herüber und pochte leicht mit dem Fingerknöchel gegen den feinziselierten Eisenharnisch des andern. „Horch", sagte er, „das klingt doch noch deutsch!"

„Wahrhaftig," antwortete der Schwabe und sah dem Jüngling ernst ins Gesicht, „aber dies Deutsch hat einen harten Klang. Wer weiß, wie lange die deutsche Nation noch in so rauhen Lauten sprechen wird?"

„Ich finde, es klingt nicht schlecht", beharrte der Kornett, und seine schlanke Hand spielte lässig mit dem Degen am Wehrgehenk. Die Panzerjacken, die um ihre beiden Führer herumsaßen, freuten sich der fröhlich=zuversichtlichen Art des Jünglings und rasselten, die neuen deutschen Laute zu proben, mit ihren Hakenbüchsen und Sturmhauben.

Der martialische Alte schmunzelte nun auch: „Ja, freilich, Abraham, es ist ein gutes Lied, aber es taugt nicht, Kindlein zu wiegen! Doch was kümmert das deine glattfellige Jugend, an der die Sorgen, die in unseren Runzeln haften, abriefeln wie kühles Wasser!"

Es hörte sich sonderbar an, als der junge Kornett mit dem schwerfälligen Patriarchennamen angeredet wurde. Doch der biblische Klang war den Männern, die um die beiden herumsaßen, tägliches Brot. Sie hörten nichts Wunderliches daraus. Es gab der Erzväter mehr unter der blühenden evangelischen Jugend, und die Namen des streitbaren kleinen Gottesvolkes waren ein gutes Symbol.

Während des harmlosen Disputs tat sich plötzlich die Tür auf und, von einem bewaffneten Diener gefolgt, sprang leichtfüßig ein hübscher, vierzehnjähriger Knabe mit feinen Zügen in den dämmerigen Raum. Er warf rasch einen triefenden Regenmantel ab und stand nun in tadelloser, wenn auch zerknitterter, modischer Eleganz unter den Kriegsleuten.

Ein knapp in der Taille gefaßter mattgrüner Samtrock mit weißen, bauschigen Seidenärmeln und Einsätzen deckte das schlanke Figürchen bis über die kurzen, gleichfalls weißen und bauschigen Hosen aus glänzendem Satin, die nur handbreit sichtbar waren und hoch über dem Knie

am Oberschenkel abschnitten. Die zierlich eben=
mäßigen Schenkel staken bis zum Knöchel herab
in straff anliegendem, weißem Seidentrikot. Nur
die Füße waren durch unförmige, schlamm=
bespritzte Pelzschuhe verunstaltet.

Doch ehe er mit artiger Verneigung vor den
alten Edelmann trat, waren ihm auch diese schon
von dem eifrigen Diener abgestreift, und der matt=
silbrige Schimmer von ein Paar perlgrauen
kleinen Ballschuhen kam zum Vorschein. So ge=
rüstet, begrüßte er, das grünsamtne Barett mit
der zerweichten Straußenfeder in der Hand, den
Hauptmann, den sein flinkes Auge gleich beim
Eintreten herausgefunden hatte.

„Monsieur," sagte er ohne viel Umschweife,
„mein Anliegen kontrastiert, wie ich mir bewußt
bin, sehr mit meiner geckenhaften Tracht. Aber
ich bin vor zwei Stunden meinem Vater, dem
Baron Odet de Pluzeau, entlaufen, um unter den
Fahnen der Hugenotten zu fechten. Mein Vater
hielt mich noch für zu jung, und so bin ich hier,
um ihm das Gegenteil zu beweisen."

Ähnliche Szenen waren in den schon seit
Jahren währenden Kriegswirren nichts Seltenes,
wenn auch der groteske Aufputz ein leises
Lächeln hervorrief. Der Alte nahm den jungen
Freiwilligen mit ein paar ernsten und gehaltenen
Worten auf und bedauerte, ihn nicht ent=
sprechender waffnen zu können.

Wieder verneigte sich der Knabe leicht und sprach wohlklingend und gewandt: „Ich habe vor, dies Kleid erst morgen auszuziehen, wenn ich mir ein würdigeres erworben habe. An Gelegenheit wird es, wie ich höre, vor Moncontur morgen nicht fehlen."

Mit diesen Worten ergriff er einen kostbaren, geraden Degen, den der Diener unter dem Mantel trug. „Sie sehen, die Schere habe ich mitgebracht. Es fehlt nur ein Stoff, um ihn zuzuschneiden."

Danach trat der Knabe bescheiden zurück und ließ sich auf einer Wandbank unter den Hakenschützen nieder. Das Gespräch der übrigen ging bald wieder seinen alten schleppenden Gang, nur in dem Winkel, wo der leichtzüngige Junge saß, war ein flüsterndes Gespräch unaufhörlich plätschernd im Gange.

Abraham, der junge Kornett, fing ein paar Brocken des flinken Geplauders auf. Die Kriegsleute hänselten den Knaben noch immer mit seinem modischen Kleid. „Willst du zum Tanz, Büblein?" fragte der eine.

„Warum nicht?" lachte der gewandte Junge. „Wie ihr Musik macht, so werde ich tanzen. Aber der Tanz, von dem ich rede, ist erst morgen. Heut' könnt ich mir schon selbst Musik machen."

Und schon war der Lebhafte aufgesprungen und zog eine kleine Ebenholzflöte aus dem samt=

nen Rock. Er beſann ſich einen Augenblick und wandte ſich dann mit einer fragenden Neigung an den ſchwäbiſchen Hauptmann. „Darf ich?"

„Was gibt's?"

„Die Hakenſchützen wollen, ich ſoll in dem Röcklein, ehe ich's ausziehe, noch einmal tanzen."

„Die Muſik machſt du dir ſelber?" miſchte der Kornett ſich ins Geſpräch.

„Wohl, mein Herr." Und er hob die Flöte.

„Nun immerzu! Es iſt kein Überfluß an Unterhaltung", erlaubte der Schwabe, ohne allzu großes Intereſſe an dem Schauſpiel zu verraten.

„Was ſoll es geben?" erkundigte ſich Bismarck.

„Eine Gaillarde, mein Herr!" Und ſchon klang die Flöte, und in zierlichen Pas ſchritt der hübſche Junge auf und nieder und neigte wiegend den ſchlanken Leib in den artigen Figuren, zu denen die graziöſe Muſik aufforderte. Der ſchmale Fuß rührte raſchelnd in dem trockenen Laub, das auf dem ungedielten Boden der Hütte aufgeſchüttet war. Das ärmelloſe, ſpaniſche Mäntelchen von Samtflaum, das von den abfallenden Schultern hing, wehte auf und ſchwebte nach wie ein ſilbriggraues Wölklein.

Plötzlich erhob ſich polternd aus einem Winkel ein älterer Hakenſchütze mit grauem Schnauzbart. Als Genfer Kalviniſten verdroß ihn das eitle Narrenwerk am Vorabend der

Schlacht, die zwischen Christ und Antichrist ge=
schlagen werden sollte.

„Mit Erlaubnis der Herren," brummte er
verdrossen, „aber weiß der Junge, wo er ist?"

Gaspard de Pluzeau stand augenblicklich still
und heftete die klugen Augen halb erstaunt, halb
streitfröhlich auf den Genfer.

„Pacis artes colere inter Martis incendia —
ist das etwas Schlechtes?" kam geläufig die
klassische Antwort. „Ist das Eisen weniger gut,
wenn es hübsch klingt? Non semper Saturnalia
erunt!"

Der Kornett mischte sich belustigt ein. „Was
bist du sonst noch alles, Gaspard? Musikant,
Soldat und auch noch Gelehrter?"

Eifrig und nicht ohne Eitelkeit kam die
Antwort: „In meinem vierten Jahre, mein Herr,
haben die Pariser Schulmeister angefangen, mir
Latein, Griechisch und Hebräisch auf einmal ein=
zubleuen. Als ich noch nicht acht Jahre alt war,
ließ mein Vater mein kindliches Bild in Kupfer
für den Titel einer Terenzübersetzung stechen, die
er von mir verlangt hatte. Es ist kein Wunder,
wenn ich leidlich lateinisch parliere."

„Ja," sagte der alte Schwabe bedächtig, „so
ist unser Jahrhundert! Es hat plötzlich verschüt=
tete Keller entdeckt und uralt schwere Weine ans
Licht gegraben. Nun kann man die Kinder nicht
rasch genug trunken machen und reicht ihnen den

Trank faſt vor der Muttermilch, und ob man ſie wie Gänslein damit nudeln und pfreckſen müßte. Aber ſo ſind ſie alle jetzt, daß ſie meinen, der neuerworbene Reichtum ginge der Welt verloren, wenn nicht jedes Kind in ihm wühlen darf! Meinen ſchier, der neue Menſch ſei allein etwas wert, der dieſen Reichtum der Welt kennt, und ſo müſſen die Kinder ſchon neue Menſchen ſein, ehe ſie Menſchen werden!"

Das Schelten des Genfers aber, den die ſichtliche Eitelkeit des franzöſiſchen Junkers verdroß, klang derber: „Ja, Herr, ſo iſt's und ärger! Ich habe mich lange genug als Bacchant auf Schulen herumgetrieben, ehe ich in Genf das Licht fand. Darum weiß ich, wonach die neuen Menſchen, von denen Sie ſprechen, geizen. Sie wollen vom Lebenstiſch ſchwelgen, trunken, unerſättlich, blutſchänderiſch, wenn's ſein muß — ſie wollen leben wie die heidniſchen Götter und leiden, wenn's daran kommt, wie antike Philoſophen, ſterben aber wollen ſie als Chriſten und vermeinen, das ſei leicht —, bis ſie ſoweit ſind."

Lebenstaumel und religiöſe Erſchütterung trieben wechſelnd manchen derer um, die in dem kleinen Raum ſaßen, und daher folgte den ſcheltenden Worten ein nachdenkliches Schweigen. Gaspard de Pluzeau hatte ſichtlich, während der Kalviniſt ſprach, eine dialektiſch ſpitze Antwort auf den Lippen. Mit einem Male ſah er nur ernste, schweigsame Gesichter um sich wie eine Mönchsbruderschaft, und so verstummte ihm unwillkürlich das Wort im Munde. — — —

Es folgte die Stille einer Nacht und der Lärm eines Schlachttages.

Durch Stunden hindurch rangen Spanier, Papisten, Toskaner, Schweizer, Franzosen und Deutsche gegen Deutsche, Franzosen und Schweizer. Es gab fast keine Nation, die nicht vertreten war, und doch gab es keine Nationen in dieser Schlacht, sondern nur Konfessionen. Hugenotten und Papisten suchten sich aus der Welt zu tilgen.

Der Tag ging den Hugenotten verloren. Coligny, dem die Wange von einem Musketenschuß blutig klaffte, führte die Trümmer des Heeres südwestwärts auf La Rochelle.

Viertausend Deutschen befahl er, seinen Rückzug zu decken. Die Viertausend ließen sich fast bis auf den letzten Troßbuben zusammenhauen.

Unter den Viertausend war Abraham Bismarck, während sein Bruder Ludolf das Hugenottenbanner aus dem blutigen Ringen nach La Rochelle rettete.

Mechanisch erteilte der junge Kornett immer wieder die gleichen Befehle, während die Schlachthaufen Fuß um Fuß in unerschütterlicher Ordnung zurückwichen.

„Marschiert mit der Gabel in der Hand!"

„Tut Feuer auf eure Pfanne!"

„Schlagt an eure Muskete und gebt Feuer!"

Dann flogen die schwerfälligen Hakenbüchsen auf die ins blutige Erdreich gestampften Gabeln, auf die man sie auflegte, um zielen zu können, und die Schüsse krachten und dröhnten.

„Tut Feuer auf eure Pfanne!"

Plötzlich sah Abraham Bismarck zehn Schritte vor seiner Rotte den Genfer schwer bedrängt, der sich am Vorabend so mürrisch gezeigt hatte. Schon wollte er ihm zuspringen, als ihm der kleine Franzose zuvorkam. Der Kornett sah die helle Gestalt des leichtfüßigen Gaillardentänzers an sich vorüberhuschen und den raschen Degen schützend über dem bedrohten Haupte des Kalvinisten zucken.

Einen Augenblick sah er erstaunt auf die seltsame Gestalt des Junkers, der noch in seinen höfischen Kleidern stak. Nur die perlgrauen Schuhe und weißen Knöchel waren rot geworden.

Dann erschrak Bismarck. Denn die Degenspitze des Knaben verfing sich in dem Schuppenhemd eines gepanzerten Spaniers, und auf das Haupt des Wehrlosen sauste das breite Schwert des Angreifers nieder. Der Kornett sah Gaspard de Pluzeau den unabwendbaren Streich lautlos mit in den Nacken geworfenem Haupte empfangen; seine Augen waren weit aufgerissen, aber das Gesicht war nicht verzerrt, sondern hochmütig, trotzig und verächtlich verzogen. Fast etwas von der studierten Pose eines Schauspielers war in seiner Haltung.

Blutüberströmt brach er zusammen.

Bismarck kam zu spät. Er beugte sich über den Todwunden und raunte ihm zu: „Das war ein wackerer Tanz, kleiner Gaspard!"

„Danke, mein Herr!" röchelte das Kind. „Ein besseres Kleid habe ich mir nun doch nicht erworben, aber ich brauche es auch nicht mehr." Damit fiel er zurück.

Der junge Kornett versank einen Augenblick in ein gerührtes Erstaunen über das wunderliche Gemisch von Grazie, Todesverachtung, Selbstgefälligkeit und Frühreife, das der Knabe bot, und dieser Augenblick wurde ihm selbst verhängnisvoll. Ein deutscher Hellebardier rannte ihm das Hakeneisen durch den Leib, daß er taumelnd in die Luft griff und neben Gaspards Leichnam zusammenbrach. Er hatte ein Gefühl, als würde ihm das Herz aus den Eingeweihten gerissen. Dann schwanden ihm die Sinne. — — -

Die erste Lebensäußerung des verwundeten Kornetts war ein beinahe unbewußtes und völlig interesseloses Aufnehmen eines zwischen zwei menschlichen Stimmen geführten Gespräches.

Sein Wille war bei diesen ersten Eindrücken so wenig tätig wie bei einem Traum. Und wirklich glaubte er, als er nach Tagen zum zweiten

Male zu sich kam und sein Gedächtnis die erhaschte Unterhaltung von selbst reproduzierte, die aufgefangenen Worte geträumt zu haben.

Seltsam war ihm dabei nur die Wahrnehmung, daß er Worte ohne Bilder geträumt haben sollte in einer Weise, wie er sich nicht erinnern konnte, je geträumt zu haben. Er entsann sich deutlich, daß er nichts als einen Zweiklang von gleichsam körperlosen Stimmen gehört hatte. Auch erschien es ihm merkwürdig, daß ihm die Klangfarbe der wohllautenden Stimmen durchaus fremd war und an keinen ihm bekannten Menschen knüpfen ließ.

Das Traumgespräch stieg Wort für Wort in seinem Bewußtsein auf.

Eine gedämpfte männliche Baritonstimme nannte mit fast klagendem Vorwurf einen Mädchennamen.

„Juliette —!"

Dann war es ein Weilchen still.

Wieder dieselbe Stimme: „Juliette —! Hugenotten —?"

Darauf antwortete eine zagend verschleierte Altstimme: „Ich hätte ihn nicht ins Haus gebracht, Gauthier. Mir graute wie dir, als Charles ihn über unsere Schwelle trug. Aber denke, es kam so: Der Knabe, an dessen blutiger Livree niemand sehen konnte, zu welcher Partei er gehörte, fiel mir auf, als wir das Feld absuchten.

Charles sagte: Er atmet, er lebt. Ich beugte mich über ihn und, wahrhaftig, ich spürte sein kreisendes Blut, wie ich ihm die Finger an die Schläfe legte. Er erbarmte mich, und ich sagte zu Charles: ‚Heb ihn auf!' Wie er ihn aber auf die Arme lud, brachte ihn der Schmerz zum Bewußtsein. Und fast im Erwachen noch umklammerte er mit beiden Händen den Arm des Hugenotten, unter dem Charles ihn halb hervorgraben mußte. ‚Ihn auch,' ächzte er, ‚ihn auch!' Wir mußten ihn liegen lassen oder beide aufheben... Nun sind sie hier, und mir graut — — —"

Wieder die vorwurfsvolle Männerstimme. "Hugenotten —!"

Dann langes Schweigen.

Wieder derselbe Klang: "Juliette, sie gehören der Inquisition. Du weißt es. Wir dürfen sie nicht hehlen, da sie leben. Denke, sie gehören der Inquisition. Wir bestehlen Gott, wenn wir sie bergen."

Nach einer Weile bat die Altstimme zögernd: "Da sie leben... sagst du, Gauthier. Aber... leben sie?"

Tropfenweise klang die Antwort zurück: "Vielleicht hast du recht, Juliette. Lebend sind sie des Inquisitors. Aber bedenke auch, lebend oder tot gehören sie Gott. Und Gott will ihren Tod. Denn es sind Hugenotten. Vielleicht ist Samariterdienst an Ketzern Todsünde. Doch meine ich so: Wir lassen Gott entscheiden. Eines ist gewiß, er will ihren Tod. Ungewiß aber ist, ob er sie sanft oder unsanft sterben lassen will. Will er nur ihren Tod, so läßt er sie gnädig unter unseren Samariterhänden sterben. Will er sie härter züchtigen, so läßt er sie dem Gericht gesunden, dem ich die Genesenen überliefern müßte. Lassen wir Gott selbst entscheiden! Da du sie ins Haus gebracht hast, so müssen wir eines von zwei Dingen tun, sie ausstoßen oder bewahren. Handeln wir so oder so, handeln müssen wir doch — und mir graut, in dieser Sache zu handeln. Denn hier handeln, heißt Gottes Willen deuten und ausführen wollen, heißt vielleicht falsch deuten und Gott in den Arm fallen."

Die lange Rede verklang in einem Seufzer. Dann fand sie ein abschließendes Wort: "So wollen wir, so hart es ist, das Samariterwerk tun. Vielleicht ist Gott ihnen gnädig. Aber gesunden sie, so sind sie des Inquisitors. Vergiß nicht, daß wir nun Gott für seine Opfer haften, Juliette!" ...

Als die Schatten dieser Worte Abraham Bismarck mit ihrem kühlen Anhauch umschwebten, war es Nacht.

Er sann ihnen nach, aber er verstand sie nicht.

Auch schienen sie sich nur aus der Haft der Vergessenheit zu lösen, um ihm ganz zu entschlüpfen. Als sie von selbst auftauchten, waren sie klar und geordnet, wenn auch unverständlich. Nun er sie bewußt zu überdenken strebte und sie noch einmal mit suchender Absicht beschwören wollte, schienen sie verweht wie ein Traum, der noch im Erwachen klar und scharf ist und gleich darauf unwiederbringlich verschwimmt. Nur ab und zu geisterte dieser oder jener Klang noch einmal auf. Doch jetzt waren es Worte ohne Zusammenhang, ein spukhafter Tanz von drohenden und barmherzigen Stimmen. Der Wirbel quälte ihn, und er versuchte, ihm zu entrinnen. Er wollte den Traum vergessen.

Schlafen! dachte er. Schlafen...! Und er versank wieder ins Nichts.

Als der Kornett zum drittenmal erwachte, war es noch immer oder von neuem Nacht. Und wieder hoben sich die Stimmen aus dem Dunkel.

Aber diesmal vermochte er den Spuk zu bannen. Die Worte hielten ihm stand und ließen sich betasten. Aber sie blieben rätselhaft und dunkel. Dabei hatte er das deutliche Gefühl, daß sie ihn selber angingen. Wo war er überhaupt?

Er verspürte einen Druck auf seine Augen, und als er die Hand hob, ward er inne, daß eine Binde ihm Stirn und Augen verdeckte.

Eine jähe Erinnerung zuckte auf. Er tastete nach seinem Leibe. Er fühlte die Umschnürung von Tüchern und Verbänden.

Die Sinnesempfindung schreckte ein paar

rasche, drohende Bilder aus der Vergessenheit: ein Knabe in hellen, blutigen Kleidern sank zuckend nieder ... Ein bärtiger Hellebardier fällte das Eisen ...

Er schloß die Augen unter der Binde und raffte alle Energie zusammen, die Bilder des Knaben und des Hellebardiers zu bannen. Es gelang ihm, sie festzuhalten. Und nun schauerte sein Leib unter einer Flut von Erinnerungen. Die Schlacht von Moncontour entbrannte in dem Dunkel, das um ihn war ...

Plötzlich hörte er ein leises Türengehen, ein sachtes Schreiten weichbeschuhter Füße und spürte einen stärker und stärker werdenden Würzduft von Arzneien.

Zitternd empfand er, daß die Schleier des Rätsels sich heben wollten, und lag in bebender Erwartung still.

Der Schritt hielt an seinem Lager. Er glaubte einen unmerklich sachten Atem an seiner Schläfe zu spüren. Ein Etwas, ein Glas oder ein Löffel, legte sich kühl auf seine Lippen, und ein sanfter Zwang flößte ihm den Latwergentrank ein, dessen Duft er schon empfunden.

Er hob tastend die Hand. „Wer ...?"

„Still! Ganz still!"

Der junge Kornett erschauerte unter dem Klang der beschwichtigenden Stimme. Es war der verschleierte Alt seines Traumgesprächs.

Er lag ganz still. Die Schritte entfernten sich. Die Tür klappte.

Auf einmal wußte der wunde Mann klar und scharf und bestimmt: „Ich, Abraham Bismarck, der Hugenottenkornett, bin in der Pflege französischer Papisten."

Das Traumgespräch klang wieder auf. Aber jetzt umrauschte es ihn wie die Schwingen des Todesengels. Die dunklen Worte waren gelichtet und waren sein Schicksal ...

Als nach einer Stunde der leise Schritt sich seinem Lager wieder näherte, machte er eine letzte Probe auf die Sinnfälligkeit der erlauschten Worte. Er öffnete die Lippen zu einer raschen Frage.

„Ist der Knabe hier?"

„Still! Ja. Er lebt."

Nun hatte der wunde Mann Gewißheit.

„Etwas noch," bat er, „eins noch! Wo bin ich?"

„Bei dem Baron Gauthier de Beaufort. Still nun!"

„Und Sie —?"

„Seine Schwester. Schlafen Sie! Das Mädchen entzog sich ihm, und ihr leiser Schritt verklang.

Abraham Bismarck hatte Muße und Stoff zu Kombinationen. Er suchte aus dem Namen, den er gehört hatte, herauszuholen, so viel sich

daraus schöpfen ließ. Der Name war ihm fremd.
Aber es war der Name eines katholischen Edel=
manns.

Der wunde Kornett dachte an alles, was man
sich von diesem Nachwuchs der papistischen
Aristokratie erzählte. Die rings von Ketzern um=
drohte katholische Kirche besann sich auf ihre er=
zieherische Macht, und rasch entstehende geistliche
Orden durchhauchten die Seelen der Unmündigen
mit einem fanatischen Glaubensernst und leiden=
schaftlicher Unduldsamkeit, in der alle Schauer
religiöser Verängstigung schreckhaft bebten. Die
liederlich gewordene alte Kirche, gegen die sich
der strenggeistige Angriff der Reformatoren ge=
richtet hatte, strömte nun doch wieder hier und
dort eine verzehrende Glaubensinbrunst aus, die
der der Kalvinisten kaum nachgab ...

Mit alledem stimmten die Worte Gauthiers
do Beaufort drohend zusammen. Kein Zweifel,
dieser Mann war ein Zögling fanatischer Pa=
pisten, hatte sich vielleicht gar die glimmenden
Brände seines Ketzerhasses vom Herde des neu=
katholischen Fanatismus, dem Jesuitenkolleg zu
Paris, geholt. Instinktiv fürchtete der Wunde
weniger den Haß des Papisten als seine Ge=
wissensnöte und seinen furchtbaren Glaubens=
ernst, in dessen finstere Mauern, das fühlte er,
keine Bresche zu legen war. Dieser Beaufort
würde ihn der Inquisition ausliefern. Dies Wort

aus seinem Munde war keine Drohung, sondern eine erbarmungslose Selbstverständlichkeit.

Der Mann mußte jung sein, wie seine Schwester sicher ein Mädchen war. Um so heißer brannte die Glut in ihm, die seelenkundige Jesuitenhände geschürt hatten. Diese Glut glomm fühlbar aus seinen Worten, deren jedes gleichsam von Sünden — und Gottesfurcht zuckte.

Er beschloß eine Probe. Als Juliette Beaufort ihm Speise brachte, überrumpelte er ihre Verschlossenheit mit einer listigen Frage.

„Ist Ihr Bruder mit jenem Beaufort verwandt, den die Jesuiten zu Paris erzogen haben?"

„Er ist es selbst. Er ist erst vor kurzem zurückgekommen, weil unser Vater starb. Aber nun fragen Sie nicht mehr." Und sie ging rasch hinaus.

Der Kranke empfand, daß es ihm vorderhand nicht gelingen werde, mehr aus dem scheu verschlossenen Mädchen, das ihn pflegte, herauszuholen, ja, daß er um so seltener den tiefen, schwingenden Klang ihrer Stimme hören würde, je mehr er sie mit Fragen bedrängte.

In seiner völligen Abgeschlossenheit aber, die weder Menschen noch Dinge, nicht einmal Lichter und Farben an ihn herankommen ließ, war ihm dieser wohltätige Sinneseindruck ein Labsal, auf das er oft Stunden hindurch wartete.

Auch lagen die Lebensenergien des Kornetts zu sehr brach, als daß er an seiner eigenen Zukunft einen leidenschaftlichen oder auch nur lebhaften Anteil genommen hätte. Der Gedanke an Inquisition und Ketzergericht war ihm kaum mehr als einem Kinde das Wissen vom Tode, es waren Dinge, die unendlich fern in einer die Gegenwart kaum beschattenden Zukunft lagen. Freilich gab es auch Stunden angstvollen Aufbäumens und Pläneschmiedens, aber die vorherrschende Stimmung war ein interesseloses Abwarten.

Manche Stunde verbrachte er damit, sich ein Bild seiner stillen Pflegerin zu machen. Er stellte sie sich als ein schlankes, schwarzgewandetes Mädchen vor, über weißer Halskrause ein hellhäutiges, ernstes Kindergesicht, das von tiefbraunem Haar umrahmt war. Auch ihre Augen waren braun und hatten denselben warmen Goldton wie ihre Locken.

Einmal versuchte er, mit harmlos scherzhaftem Geplauder ihre versiegelten Lippen zu lösen.

„Ich sinne über einem Rätsel, seit ich hier liege", begann er. „Ich suche Sie durch die Binde hindurch, die meine Augen deckt, zu sehen. Merken Sie auf, ob ich recht abschildere: Unter braunem Haupthaar eine weiße Stirn, über verschlossenem Mund und schmalen Wangen stille Braunaugen ..."

Aber Juliette Beaufort ließ ihn nicht ausreden. "Das viele Reden ist Ihnen nicht gut", gab sie etwas hastig zurück und trat von seinem Lager hinweg.

Indessen fühlte der Kornett, wie sein Körper sich langsam kräftigte, und schloß daraus, daß er schon Wochen in dieser klösterlichen Einsamkeit begraben liege. Er vermochte schon, sich im Bett aufzurichten und ohne quälende Schmerzen zu strecken. Als er sich dieser Wendung bewußt wurde, erwachte der Lebensdrang, und er ersehnte eine Aussprache mit Gauthier de Beaufort, in dessen Händen er sich befand, ohne ihn zu kennen.

In dieser Zeit wurde er eines Tages einer neuen Veränderung inne, die um ihn her vorgegangen war. Er hörte nämlich erwachend ein mühsam unterdrücktes Stöhnen und schloß daraus, daß man den verwundeten Knaben in das Zimmer, in dem auch er lag, geschafft habe.

Eben wollte er halblaut Gaspard rufen, als er Beauforts Stimme vernahm. Er merkte auf.

Der Baron setzte dem Knaben mit den geläufigen Argumenten gegen Ketzerei zu, und Gaspard antwortete, soweit es sein Zustand gestattete, in der ihm eigentümlichen Art mit altklugen und trotzig-selbstgefälligen Phrasen. Allmählich ermattete er, und der Redefluß des Mannes wurde seltener unterbrochen. Beaufort ließ ihm in ungeschminkten und gleichgültigen Worten — und eben in dieser Gleichmütigkeit lag die schreckhafte Drohung — die Wahl zwischen Glauben und Ketzerei, zugleich aber zwischen Leben und Tod.

„Nach unserm Recht, euch zu richten, fragst du, Kind? Merke, daß die Brände, in denen die ketzernde Menschheit zu Asche brennen muß, nur ein flackernder Widerschein des lodernden und flammenden Hasses ist, den Gott selbst in christlichen Seelen gegen den Ketzer entzündet! Gott facht erst Scheiterhaufen in unseren Herzen an, ehe wir Brände daraus raffen und strafen. Diese Scheiterhaufen göttlichen Hasses in uns und die Scheiterhaufen, die wir schichten, sind wie Gedanke und Wort oder wie Wort und Tat."

Nach einer Weile hörte Bismarck nicht ohne Rührung die Antwort des in klassischer Dialektik erzogenen Kindes. „Ich fürchte, mein Herr, ich werde meine Beharrlichkeit vor Ihrem Inquisitor nicht mehr zeigen können. Da es mir also kaum vergönnt sein wird, für den Glauben meines Hauses zu sterben, so will ich wenigstens in ihm sterben."

Danach hörte der Kornett ein leises Seufzen.

Es ist Juliette, dachte er.

Wieder zog Beaufort das Register zeitlicher und ewiger Strafen, und in Abraham Bismarck speicherte sich eine ständig wachsende Erbitterung gegen die Grausamkeit des Papisten auf. Er überlegte, ob er dem Knaben mit einem Worte zu Hilfe kommen sollte, doch fürchtete er, durch vorschnelles Eingreifen vielleicht irgendeinen wichtigen Aufschluß zu verlieren.

Ehe er sich noch schlüssig war, unterbrach plötzlich Juliettes Stimme die Rede des Bruders: „Er wird ohnmächtig, Gauthier . . ."

Der Mann erhob sich.

Als sein Schritt an Bismarcks Bett klang, nahm der Wunde seine Kraft zusammen und rief ihn in starker Erregung an: „Mein Herr, dürfen Sie es wagen, ein leidendes Kind mit solchen Henkerdrohungen zu schrecken!?"

Beaufort blieb stehen und gab leidenschaftslos zurück: „Ja, mein Herr."

Bebend fuhr der Kornett auf. Der Zorn dröhnte aus seinen Worten: „Und Sie schämen sich nicht einer Sache, für die man selbst ein Kind nur durch Drohung zu gewinnen suchen kann?"

Die Stimme des Papisten behielt ihre steinerne Ruhe. „Selbst ein Kind? Die Worte sind nicht logisch gesetzt, scheint mir. Gerade weil es ein Kind ist, überrede ich mit Drohungen. Oder haben Sie, mein Herr, in so kindlichem Alter Überzeugungen von Religionsdingen gehabt, gegen die man mit Vernunftgründen kämpfen konnte?"

Je ruhiger Beaufort blieb, um so mehr

wogte es in Bismarck. „So geben Sie selbst zu, daß der Glaube dem Kinde weniger Überzeugung als Ehrensache ist! Das Bekenntnis ist ihm nicht Bedürfnis wie seine Ehre, aber es ist ihm ein Teil seiner Ehre! Es ist ein Teil seines Vatererbes, wie sein Name! Und wer hat den Mut, einem Knaben zu beweisen, der Name seines Vaters sei nicht der edelste, oder es sei nicht feig und erbärmlich, ihn aufzugeben?"

„Dieser Mut ist Pflicht", gab Beaufort unbewegt zurück. „Überzeugung ist Erziehung. Falsche Überzeugungen sind schlechte Erziehung. Bessere Überzeugungen vermitteln, heißt eine bessere Erziehung geben. Also braucht es der Erziehungsmittel, um zu überzeugen. Ist es ein Verbrechen, wenn der Vater die Rute braucht? Wahrhaftig, mein Herr, wir dürfen uns nicht scheuen, zu drohen und zu strafen, um zu überzeugen!"

Bismarcks Erregung wurde noch gesteigert, da er zu wissen glaubte, Juliette sei als stumme Hörerin des Gesprächs im selben Raum mit ihm und dem Papisten. Er hob sich aus den Kissen und rief Beaufort entgegen: „Ich sehe, Sie haben nicht umsonst die Dialektik der Väter vom Kolleg eingesogen. Aber trotz Ihrer klugen Worte vom Erziehen und Überzeugen sehe ich nur, daß Sie eine Glaubenslüge erpressen und erprügeln wollen!"

„Warum soll der Mensch die Wahrheit nicht zunächst unüberzeugt und erzwungen, id est als Lüge bekennen? Die Wahrheit bleibt auch als Lüge Wahrheit. Ich will zunächst die Wahrheit als Gehorsam erzwingen. Gehorsam aber wird Gewohnheit. Und Gewohnheit ist Überzeugung. Oder ist der Glaube des Knaben mehr als Erbe, Erziehung und Gewohnheit?"

„So sage ich Ihnen: Sie werden die süße Gewohnheit des Kindes nicht brechen, werden ihn nicht um sein Erbe prellen können! Denn Ihre Drohungen rühren an seine Ehre, und Sie sollen sehen, daß der Knabentrotz stärker ist als Ihre Gewalt!"

„Der Versuch, diese Verstocktheit zu zerbrechen, war Pflicht, der Erfolg steht bei Gott", schloß Herr von Beaufort den Disput ab und ließ Bismarck in fiebernder Erregung zurück.

Als die Türe sich hinter dem Papisten geschlossen hatte, glaubte der Kornett Juliettes Blick stumm und fragend auf sich ruhen zu fühlen. Er empfand die Gegenwart des Mädchens fast körperlich. Und er rief leise: „Juliette .... Juliette Beaufort — —!"

Aber alles blieb still.

Der Kornett lauschte noch eine Weile herzklopfend ins Dunkel. Doch hörte er nichts als den röchelnden Atem des schlummernden Kindes.

Da sank er gequält und erschöpft zurück und fiel in Schlaf.

Als er nach Stunden erwachte, horchte er auf. Er hörte ein leises Weinen, das hilflos und kraftlos durch die Stille des Zimmers rann.

"Gaspard!" rief er.

Ein kurzes Aufschluchzen. Dann war alles still.

Bismarck wußte, daß der Knabe jetzt lieber den Atem bis zum Ersticken verhielt, als seine Tränen verriet, und er fühlte das Bedürfnis, seinem kleinen Leidensgefährten zu helfen.

Sein Herz wußte den richtigen Weg, weil es den Knaben verstand. Das Kind war diesem einsamen Sterben nicht gewachsen. Dieser zeugenlose Siechtumstod, der keine heroische Gebärde kannte, sondern wie eine Spinne an ihm sog, war stärker als seine Tapferkeit, weil ihm das sichtbare Heldentum fehlte.

Trotz stechender Schmerzen erhob sich der junge Kornett und tastete sich taumelnd in der Richtung vorwärts, aus der das leise Weinen gekommen war.

Nach ein paar mühsamen Schritten stieß sein ausgereckter Arm an die Bettstatt des Knaben. Er überwand einen Schwächeanfall und ließ sich schwer auf den Rand der Bettstelle nieder.

"Gaspard!" flüsterte er, und seine Hände suchten den Leib des Kindes. Es gelang ihm, die Hände des Kleinen zu erhaschen, aber als er ihm über die Stirn streichen wollte, fühlte er, daß das Kind sein Gesicht in die Kissen gepreßt hatte.

Ein Weilchen schwieg der Jüngling. Dann kam ihm eine Eingebung. „Tapferer, kleiner Gaspard!" sagte er eindringlich und schlicht in der Muttersprache des Kindes. „Tapferer, kleiner Gaspard! Dein Vater wird stolz auf dich sein. Tapferer Junge!"

Da fühlte er den kleinen Leib beben und zucken. Und auf einmal umschlangen Gaspards Arme leidenschaftlich den Nacken des hilfreichen Freundes, und er schluchzte an seinem Halse. Aber es war ein erlösendes und befreiendes Schluchzen.

„Wie stolz wird dein Vater sein!" sprach der Kornett weiter. „Ich habe wohl gehört, kleiner Gaspard, wie wacker du der Verführung widerstanden, wie gut und ehrlich du dem Papisten geantwortet hast. Dein Vater und der Admiral sollen es hören. Wahrhaftig, der Admiral wird nicht glauben, daß ein todwunder Junge sich so ehrlich gehalten hat!"

Das Heldentum funkelte auf um das arme verlöschende Leben. Der schluchzende Knabe war wieder ein Mann, und ekstatisch rief er aus: „Ja, mein Herr, wenn ihn das freut, so sagen Sie dem Admiral, daß Gaspard de Plujeau ihn nicht verleugnet hat!"

Gaspard hielt den Arm des Freundes, der sein ruhmloses Sterben so barmherzig heroisierte, umklammert wie die Hand eines unverhofften Retters. Er empfand die Barmherzigkeit nicht, aber er spürte die Erlösung. Das Lob des Kornetts, unter dem er die Feuertaufe erhalten, wob eine Aureole um sein armes Haupt.

Der Mann, den seine Binde blind machte, sah das fiebrisch leuchtende Gesicht des exaltierten Kindes nicht, doch glaubte er es zu sehen. Er lächelte wehmütig, als der Knabe die heldische Geste wiederfand, die ihm eine die Eitelkeit übermäßig als Antrieb nutzende Erziehung zur zweiten Natur gemacht hatte.

Die Kräfte des Kindes waren in seiner letzten Begeisterung niedergebrannt. Bismarck mußte die mageren Arme von seinem Nacken lösen. Der kleine Körper sank schwer zurück.

„Gaspard —?"

Aber es kam keine Antwort mehr.

In die tiefe Stille klang plötzlich ein Aufschluchzen. Der wunde Mann hob lauschend das geblendete Haupt.

Das leise Weinen rann und rann.

„Juliette!" rief der Kornett.

Ein paar rasche Schritte hasteten. Ein Kleid rauschte. Eine Tür klappte. Dann war alles still . . .

Juliette Beaufort litt bitter unter ihrem

Samariterwerk, das wußte Bismarck von dieser Stunde. Wie bitter sie litt, ahnte er nicht, weil er das Gespenst religiöser Verängstigung nicht kannte, mit dem ihre barmherzige Menschlichkeit rang.

Die Begierde, das Mädchen zu sehen, das seit diesem Tage noch stiller geworden war, wuchs in dem Genesenden, und zugleich dämmerte ihm eine Ahnung, daß von ihrer Seite ihm Hilfe kommen möchte. Doch wußte er nicht, welche Gedanken hinter Juliette Beauforts weißer Stirn brüteten.

Das leidenschaftliche Mädchen, das von der Leidensgeduld und Menschlichkeit des Hugenotten erschüttert war, hätte mit einer Gefahr, die dem wunden Manne von außen drohte — und wäre es von ihrem Bruder gewesen —, rasch aufgeräumt. Aber sie sah den Kornett nicht bedroht, sie wußte ihn verdammt. Nicht von Menschen, sondern von Gott. Wie ihr Bruder fühlte sie die unumstößliche Gewißheit: Gott will den Tod des Ketzers. Ob sanften oder unsanften Tod, ist nicht ausgemacht, doch wird er's offenbaren. In leidenschaftlichem Gebete rang sie mit Gott, er möge gnädig sein und dem Verlorenen ein sanftes Ende geben.

Das war die Hilfe, um die Juliette Beauforts Gedanken kreisten. An Rettung dachte sie nicht. Denn es gab keine Rettung.

Immer deutlicher offenbarte der harte Gott seinen unversöhnlichen Richtersinn, indem er den Kranken genesen ließ. Immer tiefer wühlte in dem Herzen des Weibes der Zwiespalt zwischen ihrer eigenen Barmherzigkeit und Gottes unbarmherzig starrem Willen.

Eines Tages, als Herr von Beaufort sich nach dem Zustande des Hugenotten erkundigte, stöhnte sie statt einer Antwort: „O mein Gott, wenn er doch stürbe!"

Ihr Bruder sah sie lange schweigend und ernst an. Dann sagte er: „Graut dir davor, Gottes Willen an einem Fremden zu tun? Gott forderte das Opfer, vor dem dein weiches Herz bebt, einst von einem, der ihm treuer war, als wir je sein können, und forderte viel Härteres von ihm. Weißt du nichts von Isaaks Opfer? Der Erzvater zuckte den Stahl auf den einzigen Sohn, der ihm lieb war, mit eigener Hand. Und wir sollten zögern, den nach seinem Willen zu opfern, der uns fremd ist? Was ist uns der Hugenotte? Wir können ihn weder verstehen, noch achten, noch lieben."

Es war ein unvorsichtiges Wort des Herrn von Beaufort, das sich zuckend in die geängstigte Seele des Weibes grub. Sie gab nichts zur Antwort, aber sie ging auf ihr Zimmer, barg das Haupt zwischen den Händen und weinte.

Und sie, die sich vor der Frage gescheut hätte, mußte nun auf des Bruders unbedachte Frage leidenschaftliche Antwort geben. Was ist dir der Hugenott? Wir können ihn nicht verstehen, nicht achten, nicht lieben?

Nein, sie verstand ihn nicht oder verstand ihn nicht ganz, das fühlte sie. Aber ob sie ihn achten konnte und lieben —?

Unerbittlich mußte sie sich die Antwort geben, die sie doch als erdrückende Sündenschuld fühlte. Kein Gebet übertäubte die Antwort. Wo sie ging und stand, sah sie das erschütternde Bild des todgeweihten jungen Mannes, der mit blinden Augen das Leid eines Kindes sah und stillte, obwohl jeder Schritt durchs Zimmer sein Tod sein konnte, sah den sterbenden Knaben an dem Halse des Freundes hängen, der ihm barmherzig über die dunkle Schwelle des einsamen Todes half . . .

Wer würde ihm barmherzig sein? Würde Gott den in Ewigkeit verdammen, der ihm gleiche Barmherzigkeit täte . . . ?

Inbrünstiger als je flehte sie Gott um ein sanftes Ende des Ketzers an. Als sie sich erhob, erfüllte sie eine Gebetsahnung mit gläubiger Zuversicht. Sie glaubte zu fühlen, daß Gott dem verlorenen Sohn sein Liebeswerk an dem Knaben segnen werde, indem er seinen wunden Leib unter den Folgen des Samariterganges zusammenbrechen ließe.

Ihre Ahnung steigerte sich zu bebender, hellseherischer Gewißheit. Sie wußte, sie würde den Hugenotten in schwerem Rückfallfieber finden, wenn sie jetzt in sein Zimmer träte.

Während sie die Klinke berührte, fühlte sie, daß ihre Hand kälter war als das kühle Eisen, aber sie dachte nicht darüber nach, warum ihr das Blut fiebernd ins tiefe Herz zurückwich.

Sie schlich sich an sein Lager. Aber der Kranke empfing sie mit einem klaren und harmlosen Scherzwort.

„Die Blinden sind sehend geworden unter Ihrer Hand", sagte er und hob die Binde von seinen Augen. Er hatte sie eigenmächtig ein paar Tage zuvor gelöst und, da er nur eine halbvernarbte Rißwunde in beiden Lidern fühlte, die Augen mühsam wieder ans Licht gewöhnt.

Jetzt sah er gebannt auf Juliette Beaufort.

Sie war anders in jedem Zuge, als er geträumt hatte, und war ihm doch unaussprechlich vertraut. So hatte er ihr Wesen empfunden, ohne es in Bilder formen zu können.

Schlichtgehaltenes, schwarzblaues Haar umrahmte ein weißes, schmales Gesicht, aus dessen vergeistigten Zügen eine scheue, friedlose Seele fast sichtbar durchschimmerte. Das Seltsamste waren ihre großen, angstvollen Augen, die in fast verwirrendem Kontrast zu den schwarzen Brauen ganz helle, lichtgraue Sterne von völlig reiner Farbe zeigten.

„Es war gut, Juliette Beaufort," entfuhr es ihm, „daß ich meine Augen ans Licht gewöhnt hatte, ehe ich Sie sah!"

Das Mädchen starrte wortlos auf den Genesenden.

Endlich verließ sie schleppenden Ganges das Zimmer. Die vernichtende Enttäuschung ihrer inbrünstig gesteigerten Zuversicht traf sie wie ein Hohnlachen im Gotteshaus.

Sich im dunkelsten Winkel ihres Betstuhles zusammenkauernd, rang Juliette Beaufort nach Fassung. Sie rief die Heiligen an, doch die schwiegen. Ihr wahrhaftiges Herz strömte alle Not und alle Liebe, die sie erfüllte, aus, ohne an Worten und Gefühlen zu deuteln.

„Ich liebe ihn und bete um seinen Tod! Ist das nicht Elend genug, Maria? Nicht Gehorsam genug? Mein Leib war kalt wie Marmor, als ich ihn sterbend zu finden wähnte. Du weißt es, es war Zuversicht und tödliche Furcht in dem Frosthauch, der mich durchschauerte. Ich will die Furcht leiden wie ein Fieber, weil Furcht und Hoffen in eins verschmolzen sind. Aber gib, daß meine Furcht nicht vergebens hofft! Laß ihn sterben, den Gott vernichten will! Sieh, ich will Gott gehorsam sein, aber du mußt mir helfen.

Könnte ich den Verlorenen vor Gott bergen und
flüchten, ich täte es, und ob ich Verdammnis
davon trüge. Du weißt es, ich trüge sie, denn
ich liebe ihn. Aber ich kann ihn nicht leben
lassen, weil ich ihn nur vor Menschen flüchten
kann, Gott aber tötet im Dunkel wie im Licht.
Doch eines kann ich tun und muß es tun, wenn
du nicht barmherzig bist, ich kann ihn sterben
lassen, wie ich will und Gott nicht will! Hilf,
daß ich Gott nicht trotzen muß, wie ich mit seinem
Willen hadere! Strafe mich für mein sündhaftes
Beten, aber erhöre es! Ich wage ja nur darum
so zu beten, weil mein Bitten die tödliche Strafe
in sich eingeschlossen trägt, wie die Frucht den
Kern. Laß meine Seele an der Frucht genesen,
so will ich gern am bitteren Kern sterben. Hilf,
heilige Mutter Gottes! Ich will ja nur die
Grube sehen, in die Gott ihn stößt! Bereitest
du sie ihm nicht, so muß ich's tun, damit Gott
ihn nicht fern von meinen Augen gemartert und
geschändet in Finsternis wirft. Er soll ihn nicht
töten, wo ich nicht bin! Hilf, heilige Mutter
Gottes, oder ich bereite ihm die Grube und mache
ihm meine Liebe zum Sarge! Du weißt es, daß
ich's tun muß und daß mein Stammeln um Erbarmen ein bettelndes Geständnis ist und kein
Trotzen und Drohen!"

Die schmalgliedrige Heilige sah mit unbewegtem Marterantlitz an dem Leid ihrer blühen-

den Schwester vorüber, wie dürres Holz, das den Sturm nicht spürt, der dem Blütenbaum neben ihm die knospende Blütenfülle zerschlägt.

Die Leidenschaft der Betenden wurde Erschöpfung, doch spürte sie noch in der Ermattung die Klärung. Sie hatte gleichsam, ohne das klar zu fühlen, die Entscheidung auf Gott und die Heiligen abgewälzt und alles, was sie noch leiden oder tun konnte, von vornherein zur Folge ihres höheren, vorgreifenden oder unterlassenden Willens gemacht.

Ihr Auge glomm nicht mehr in leidenschaftlicher Angst, als es nach betend durchwachten Nachtstunden wieder fragend auf dem Kranken ruhte, sondern war nur von einer tiefen, leidvollen Trauer verdunkelt.

Lächelnd hob der Kornett das Haupt: „Sind Sie mir böse, daß ich genesen will?"

Ruhig, fast starr gab das Mädchen zurück: „Wenn Sie genesen wollen, warum wagten Sie Ihr Leben an ein Trostwort für den Knaben? Wußten Sie, daß es Ihr Tod sein mußte?"

Bismarck empfand das seltsame Dunkel, das ihr letztes Wort verschleierte, und sah sie fest an. „Glauben Sie nicht, Juliette Beaufort, daß der Tod, der mich da mit Knabenarmen umschlang, mir sanfter ans Herz gegriffen hätte als der

Inquisitor, der mich aus Ihren Händen nehmen wird?"

Juliette zuckte zusammen und sah starr auf den Schweigenden nieder. Endlich stammelte sie kaum hörbar: „Auch das — mein Gott, auch das wissen Sie . . . ?"

„Vom ersten Tage an, Juliette Beaufort. Ich weiß es, weil meine Ohren es hörten. Ein anderes weiß ich ebensowohl, obgleich ich es nicht gehört habe: es schmerzt Sie."

Die Stimme des Kranken war eindringlich und leise, aber sie klang nicht wie eine Bitte, sondern fast wie ein Abbitten.

Juliette schlug die Hände vors Gesicht und rief bebend einmal ums andere: „Mein Gott! Mein Gott!" Bismarck ließ sie eine Weile stumm gewähren, dann rief er leise ihren Namen.

„Juliette!" Und noch einmal: „Juliette!"

Da hörte sie ihn rufen.

Ihre Hände sanken nieder. Ihr Gesicht war bleich und tränenüberströmt. Aber sie gab kein Wort zurück. Sie sah ihn nur starr und leidenschaftlich an. Dann ging sie schweigend hinaus.

Herr Abraham Bismarck sah ihr klopfenden Herzens nach und träumte stundenlang mit weit offenen Augen.

Er schloß die Augen erst, als er endlich wieder ihr leises Gehen hörte. Er blickte ihr nicht entgegen, sondern ließ das gespenstisch schöne

Wunder dicht und dichter an sich herankommen, um es plötzlich mit sehnsüchtigem Augenaufschlag voll zu schauen.

Juliettes Hand zitterte, als sie ihm den Zinnbecher mit der Arznei reichte. Der Genesende rührte, während ihre Augen ineinandertauchten, mit der Hand, die den Becher ergriff, leise an die kühlen Spitzen ihrer bebenden Finger.

Und während sie Berührung und Blick, ohne sich zu regen, duldete, durchschauerte es Bismarck mit einem Male, und er spürte eine seltsam erschlaffende, zehrend süße Kraftlosigkeit, als strömte sein Lebensblut schmerzlos aus allen Adern.

Er gab sich dieser wohligen Auflösung aller Gefühle widerstandslos hin. Sein Herz klopfte in hörbar schweren Schlägen.

Und dann fühlte er plötzlich: In dem Becher, den meine und ihre Hand umspannen, schläft der Tod.

Kein Schreck, kein aufbegehrender Wille brannte in ihm auf. Er vermochte nichts zu denken und nichts zu wollen. Er wußte nicht, daß ihm ungewisse Zukunft und hoffnungslose Liebe den Todesgedanken lind machten. Er empfand nur die süße Schlaffheit, die ein Schlücklein Tod aus der reinen Schale ihrer Liebe zur Ewigkeit machen wollte. . . . . .

Die Liebe eines Kranken ist immer mehr ein Hinnehmen und Sichhingeben als Wollen und Begehren. Ihre tiefste Kraft ist die Schrankenlosigkeit gläubig vertrauender Unterwerfung des Willens. Die Liebe der Kranken und Sterbenden ist mehr die des Weibes als die des Mannes.

In fast lethargischer Abspannung hob der Jüngling die Berührung ihrer Hände auf und führte, ohne seine Augen aus den ihren zu lassen, den Becher an die Lippen.

Während er trank, sah er, wie Juliettes Augen sich unter schwer aufquellenden Tränen verdunkelten. Da haschte er nach ihren schlaff hängenden Händen und sprach ihr leise das Wort der Arria zu: „Non dolet ... Es schmerzt nicht, Juliette...."

Da warf sich das Mädchen mit einem schluchzenden Aufschrei über ihn, und auf seinen Lippen schauerte die Flut ihrer leidenschaftlichen Küsse, als wollte sie den Tod noch von ihnen hinwegtrinken: „Alles, alles weißt du! Alles, alles, alles! So weißt du auch meine Liebe, meine ganze Liebe ..! Fühlst du sie auch? Fühlst du sie auch ganz? Fühlst du sie noch ... ?"

Da schäumte der Lebenswille in dem Kranken auf. Der Bann war gebrochen. Juliettes Hingabe schreckte Kraft und Wollen aus dem Traum.

„Leben!" schrie er auf. „Wir wollen leben, Juliette!"

Es war nicht der verzweifelte Aufschrei eines qualvoll und wehrlos Erliegenden. Es war der Kampfruf eines Mannes, der die Lebensfackel noch lodernd in seinen Händen schwingt und nicht lassen will und nicht lassen wird.

Da begab sich etwas entsetzensvoll Unerklärliches mit Juliette Beaufort.

Ihr Haupt glitt von dem Antlitz des Geliebten ab und sank, während ihre Züge unter schreckhaft geweiteten Augen versteinten, wie eine steinerne Last in den Nacken. So erstarrte sie kraftlos, unfähig, sich zu erheben . . . .

Auf einmal redete sie und sprach in brüchigen, klanglosen Lauten. „Du lebst . . . Ein Tropfen aus deinem Becher ruft im Augenblick den Tod . . . Du hast den Becher mit seinen tausend Toden getrunken und lebst . . ." Und mit einem Male schrie sie auf „Siehst du nicht, daß Gott nach dir greift und mich zurückschleudert?!"

Der Kornett raffte ihre Hände an sich und preßte sie schmerzhaft an seine Brust. „Liebste!" rief er in sie hinein, als riefe er in einen Abgrund, „Liebste! Sieh mich an! Komm zu dir! Was ist dir?! Sieh mich an!"

Aber das Mädchen lag, zurückgebogenen Hauptes, vor ihm, ohne sich zu rühren. Das lichte Grau ihrer Augen war von einer gläsernen

Durchsichtigkeit. Ihr Gesicht war ein Toten=
gesicht, in dem die Lippen sich entsetzungsvoll
regten.

„Gottes Augen .. sehen mich .. starr ..
an .. durch dich hindurch .."

Dann schwanden ihr die Sinne, und der
Körper sank kraftlos zusammen.

Fassungslos sah der Mann auf die Ohn=
mächtige. Er rang nach Gedanken. Er kniete
zu ihr und bettete ihr Haupt auf seinen Schoß,
doch wagte er keinen Versuch, sie zu beleben. Er
mußte klar sehen, ehe er sie wecken durfte.

Kein Zweifel, Juliettes verzweifelte Liebe
hatte ihn töten wollen. Irgendwo mußte sie sich
ein raschwirkendes Gift verschafft haben. Viel=
leicht barg irgendein verstaubter Winkel unter
Arzneien und hilfreichen Säften auch den Aus=
zug zerstörender Kräfte .. Die tödliche Kraft
des Trankes war erloschen ... Aber nicht erst
in ihren Händen oder auf seinen Lippen, wie die
wundergläubige Gespensterfurcht Juliettes es
fühlte... Vielleicht hatte der stumme Tod längst
einem anderen den unheimlichen, stillen Dienst
geleistet, und dieser andere hatte den Todesboten
klug durch einen gleichfarbenen Saft ersetzt...
Vielleicht — aber es gab tausend Möglichkeiten.

Welche von allen konnte ihm helfen,
Juliettes verdüstertes Herz zu bereden, daß ein
Zufall, kein Wunder, wirksam gewesen war? Sie

hatte — das empfand er, weil er die abgründige Tiefe ihrer Liebe ermessen hatte — seinen Tod schon in dem Entschluß, ihn zu töten, so grauenvoll eindringlich als unwiderrufliches Geschehen durchlebt, daß sie das Aufsprudeln seiner Lebenskraft als Totenerweckung schrecken mußte, zumal sie all ihr Fühlen und Handeln als ein Ringen mit Gott empfand. Sie hatte die Schneide seines Richtschwertes aufhalten wollen und sah es nun entsetzungsvoll aus dem Dunkel eines schreckhaften Wunders auffunkeln. . . .

Nun schlug das Mädchen die Augen auf. Aber ehe er die Lippen öffnen konnte, fühlte er ihre eiskalte Hand auf seinem Munde. „Rede nicht!" flüsterte sie, „rede nicht! Gott hat vor dir gesprochen!"

Sie richtete sich wankend auf und befreite sich zitternd aus seinen Armen. „Laß mich! Lüge nicht! Meinst du, ich weiß nicht, was du sagen kannst? Er zerbricht Worte und Gebete und Taten. . . Er starrt mich an . . . durch dich hindurch. . . Er wird dich töten, wie er mich wahnwitzig machen will und wird. . . Laß mich! Du bist gezeichnet, wie ich selber gezeichnet bin. . ." Sie entrang sich ihm und floh vor seinen stammelnden und bettelnden Liebesworten.

Abraham Bismarck blieb vernichtet zurück. Er fühlte, sie war ihm verloren. Und jetzt erst

wußte er, daß in all seinen Fibern der Wunsch
gebrannt hatte, sie zu gewinnen.

„Juliette!" stöhnte er hilflos. Aber er rief
es ihr nach wie einer Toten, nicht wie einer
Lebenden. Er rief sie nicht mehr, er jammerte
ihr nach.

Er sah Juliette Beaufort in der Macht des
Dämons und fühlte instinktiv, daß er sie ihm
nicht entreißen konnte. Sein Haß gegen das
Gottesgespenst, das sich zwischen ihn und die Ge=
liebte drängte, hatte etwas Primitives und
Kindliches. Die Ausgeburt religiöser Verängsti=
gung war kein Schatten, sondern ein körperlicher
Feind, gegen den zähneknirschend mit den
Fäusten anzugehen die letzte Lust war, die ihm
blieb. Aber bald fühlte er, daß die geballten
Fäuste in leere Luft stießen.

Seine Seele lechzte danach, die Geliebte von
den Dämonen und Schatten zu erlösen. Er
wußte, das Gespenst des Wahnsinns, vor dem
Juliette bebte, war nicht die leere Ausgeburt
einer schreckhaften Stunde, sondern drohend
wachsende Gefahr, eine Gefahr, die unabwendbar
wurde, wenn er, in dessen Armen sie gelegen, als
ihr grausamer Gott sein Wunder tat, länger
unter ihren Augen blieb und ihren Zwiespalt
täglich und stündlich neu aufwühlte, oder wenn
sein Schicksal sich wirklich unter ihren Augen
so erfüllte, wie der Dämon wollte.

Er fühlte klar, er durfte nicht bleiben. Er mußte ein Ende machen und auf Gefahr seines Lebens und seiner Liebe zu fliehen suchen.

Aber kaum zuckte dieser Gedanke in ihm auf, so schüttelte ihn die ganze Qual seines Verlustes.

Mit geschlossenen Augen suchte er ihre leidenschaftlichen Liebkosungen noch einmal zu spüren, ihre verzweifelten Küsse und den Duft ihres Haares, der ihn umweht hatte. Die holde Nacht, mit der die blauschwarze Fülle ihres Haares ihn umschattet hatte — warum war sie nicht tiefer und tiefer dunkelnd über ihn hereingebrochen?!

Aber er zerbrach den Bann seiner erschlaffenden Sehnsucht. Nicht träumend und verzweifelnd, nur handelnd und lebend konnte er ihr helfen.

Konnte er wirklich? Die Zweifel wogten in ihm auf und suchten ihn an die Schwelle des Hauses zu ketten, in dem Juliette litt und leiden würde: Entfloh er am Ende nur feig ihrem Jammer und ließ sie unerlöst zurück, die ihn hatte erlösen wollen und nun darüber zugrunde ging?

Doch die Zweifel verwehten. Es gab keine Brücke mehr zwischen ihm und ihr, so wie sie jetzt standen. Nur ein Abgrund war zwischen ihnen, in den sie beide stürzen mußten, wenn er blieb.

So beschloß er die Flucht ins Leben.

Ferne Möglichkeiten schimmerten barmherzig auf. Wenn sein kraftloser Leib den Weg durch Nacht und Gefahr überstand, wenn er lebend auch aus den Kriegsnöten hervortauchte — sprach dann vielleicht das Schicksal eine Sprache, die stärker war als der Dämon dieses Hauses?

Einmal entschlossen, empfand der Kornett, daß keine Stunde einem Fluchtplan günstiger sein konnte als diese Nacht. Noch glaubte ihn Beaufort so siech und kraftlos, daß er ihn nicht als Gefangenen bewahrte und beargwöhnte. Kein Wächter war ihm bestellt, den der Todesengel selbst noch bewachte.

Vielleicht hatte Beauforts Sorglosigkeit recht. Was lag daran? Richtete ihn sein tollkühnes Wagestück zugrunde, so war er wohl Manns genug, auch ein einsames Sterben für die Geliebte zu dulden. Es hieß ein Ende machen, so oder so.

Vorbereitungen hatte er nicht zu treffen. Ohne Waffen und ohne Rüstung mußte er den Todesweg ins Leben suchen. Ein alter Mantel, den Juliette über sein Lager gebreitet, würde sein Kleid sein.

Die Nacht kam und wurde tiefer und tiefer.

Fiebernd und mit klopfenden Pulsen hoffte Bismarck von Stunde zu Stunde, daß die Geliebte noch einmal zu ihm eintreten würde. Aber alles blieb still. Er wußte, daß sie nicht schlief, und schickte seine bettelnde Sehnsucht leidenschaftlicher und leidenschaftlicher zu ihr hinüber. Doch sie ahnte nichts. Sie kam nicht.

Gegen Mitternacht ermannte sich der Kornett. Er hüllte sich in den Mantel und ließ sich an den zusammengedrehten und verknoteten Bettüchern in die dunkle Tiefe hinab.

Seine bloßen Füße berührten den Boden. Wie ein Pilger, der sich auf fremder Erde verirrt hat, stand er unter Juliettes Fenster, ohne zu wissen, wo er war.

Nur von der Sonne, in deren Untergang er von seinem Krankenlager so oft geblickt hatte, wußte er, wo Abend lag. Und fern im Westen mußte das Meer schäumen, aus dem La Rochelle ragte, die trotzige Seefeste der Hugenotten. Dorthin ging sein Weg.

Ragte La Rochelle noch? Gab es noch Hugenotten?

Ungezählte Möglichkeiten dunkelten in der Nacht, durch die er in einer dumpfen Bewußtlosigkeit wie ein Schlafwandler schwankend und mit blutenden Sohlen hinschritt ...

* * *

Jeder Schritt, der uns von einem geliebten Wesen entfernt, bringt uns ihm näher. Aller Raum verbindet und kann nicht scheiden.

Das erfuhr der Jüngling in dieser Nacht.

Der Weg von der Geliebten ist ein Weg zu ihr hin. Aber jede Stunde, die über den Weg hinstreicht, ist wie ein Vogel, der ein Samenkorn fallen läßt, das auf dem Pfade wuchert. Vogel auf Vogel fliegt über den Weg. . . . Alle Zeit scheidet und kann nicht verbinden.

Das erfuhr der Mann nach Jahren.

Zwei Bismarcks unter schwedischen Fahnen.

Das Herrenhaus der Brankows an der Havel herbergte nach dem Tage von Fehrbellin die schwedischen Fahnen und Standarten, die der siegreiche Brandenburger unter kriegerischer Eskorte nach seiner Residenz schickte.

Der alte Klaus von Brankow, der sechzigjährig und gichtgeschüttelt in einem abgelegenen Zimmer des weitläufigen Hauses still vor sich hinlebte, hatte gebeten, der junge Kapitän seiner kurfürstlichen Durchlaucht möchte sich mit den eroberten Fahnen zu ihm bemühen, zu einem alten Mann — ließ er sagen — den es gelüstete, vor dem Ende noch einmal die Fahnen zu sehen, unter denen er als Junge und Mann einst gefochten.

Mehr als die Gicht schüttelten den alten Brankow die Erinnerungen einer wilden Jugend, der er das unerfreuliche Alter dankte. Die wüsten Zeiten des großen Krieges hatte ihm der Bote von Fehrbellin wie ein Trommelwirbel aus dem Grabe geschreckt. Feuersbrünste glommen auf, deren Asche vier Jahrzehnte gekühlt hatten. Torstenson und Tilly wurden auf Stunden aus Staub zu Fleisch und Bein. Die Wunden einer

mißhandelten Generation bluteten frisch). Ver=
schüttete Dörfer und Städte erstanden und spieen
ihre Toten aus wie zum jüngsten Gericht, Bürger,
Bauern, Soldaten — ein unendlicher Zug, ein
Totentanz von Schatten, der wirbelnd den
dämmernden Raum füllte.

Der alte Brankow wartete seit Stunden.
Der Strudel der Erinnerungen trieb ihn um und
erschöpfte die aufgeflackerte Frische des Greises.
Die Erinnerungen verschwammen zu Träumen.
Das Geschwirr und Geklirr toter Worte und
zerfallener Waffen verklang im Halbschlummer.
Aus Halbschlummer wurde Schlaf. ...

Gegen 11 Uhr nachts schrak der Greis auf.
Dunkelheit war um ihn. Aber draußen im Kor=
ridor schwoll das Poltern, Klirren und Rauschen,
das den hellhörigen Greisenschlummer gestört
hatte, näher. Jetzt sprengte es die Tür des Zim=
mers. Fackellicht sprühte auf und setzte das
Dunkel um ihn gleißend in Brand.

Klaus von Brankow schirmte die schlaftrun=
kenen Augen mit der Hand, bis er die jähe
Helligkeit vertrug, die ihn überflutete. Dann
schaute er auf. Die blendende Lichtfülle ordnete
sich mählich zu dem kriegerischen Bilde, das er
selber beschworen hatte.

Der Kapitän seiner kurfürstlichen Durch=
laucht, dessen Besuch er erbeten, stand vor ihm
im Lichte der Fackeln, ein schlankaufgeschossener

Jüngling, hinter dem über einer Mauer breitschultriger, altmärker Grenadiere eine schwerrauschende Seidenfülle aufschwoll — die eroberten Schwedenfahnen, feucht vom Tau der Nacht und vom Dampf und Dunst vergossenen Blutes.

Aber Klaus von Brankow sah nicht die Fahnen, nach deren Anblick ihn verlangt hatte. Mit weitaufgerissenen Augen starrte er dem jungen Offizier, der ehrerbietig vor ihm stand, in das erstaunte Gesicht. Sein mächtiger Oberleib schob sich vor, als wollte er zusammenstürzen. Und nun brach es von seinen Lippen: „Valtin —! Valtin —!"

Der Kapitän sah betroffen auf den tieferregten Greis. Dann besann er sich, hob den breitkrempigen Hut von der braunen Lockenfülle und meldete ruhig: „Christoph Friedrich von Bismarck, Kapitän seiner kurfürstlichen Durchlaucht von Brandenburg, altmärkisches Regiment zu Fuß."

Der Alte im Armstuhl hörte es kaum. Halb aufgerichtet, aufgestützt auf die Lehne des eichenen Stuhles, starrte er dem Jüngling fort und fort ins Gesicht, als sähe er einen Nachtspuk. Der blickte wie hilfesuchend nach den fackelhaltenden Dienern, die ihm reglos zur Seite standen. Da hörte er wieder die Stimme des Greises, die rauh, fast keuchend war unter einer unerklärlichen Erregung:

„Valtin —! Valentin Busso Bismarck, du bist es wahrhaftig! Bist du wieder zur Erde gekommen, die du verachtest Und wie kommt das Leuchten in deine Augen, Valtin Busso —?"

Der junge Kapitän glaubte zu verstehen. Er hörte den Namen seines Vaters. Der wunderliche alte Mann mußte ein Kriegskamerad des Toten sein. Er trat einen Schritt näher und verbesserte mit artiger Nachsicht: „Nicht Valentin Busso, Herr von Brankow, Christoph Friedrich..."

Aber der Greis zerbrach ihm mit einer heftigen Gebärde die Rede und fuhr sprudelnd fort: „Die Hand! Die Hand!"

Und als der Jüngling zögernd, betroffen seine Rechte hinstreckte, faßte er sie mit beiden Händen und tastete, den Spitzenbesatz des Ärmels zurückschiebend, zitternd über sie hin. „Ja, es ist deine schlanke, feste Hand, Valtin! Nur meine ist welk und gichtknotig geworden..."

Er ließ die Hand des Jünglings nicht fahren, während er ihn schweigend wieder von Kopf zu Füßen betrachtete. Ja, das war dasselbe hohe Oval der weißen Stirn, von den schwarzen, streng gezogenen Rundbogen der Brauen unterbaut, derselbe Schwung, der die vollen Lippen durch die Anmut der Form bändigte, dasselbe reiche, kastanienbraune Haar, das in Stirnmitte in dichtem Büschel aufstrudelte und in Wellen rückwärts nach den Schultern floß, dasselbe volle und feste Rund des tiefgekerbten Kinns, das wie ein Schlußstein den Schwung der Wangenlinien zusammenhielt . . .

Nun ließ Klaus Brankow die Hand des anderen fahren und endete laut seine schweigende Musterung: „Nichts an dir hat sich geändert, nichts. Und Torstensons Fahne rauscht über dir wie einst. Nur dein Rock ist fremd . . ."

Der junge Offizier lächelte zum ersten Male in freundlicher Überlegenheit: „Der Rock ist kein fremder, Herr. Es ist der Rock der kurfürstlichen Durchlaucht von Brandenburg. Fremden Kriegsdienst hat die kurfürstliche Durchlaucht bei Strafe verboten."

Da erwachte der Greis zur Wirklichkeit. „Wahrhaftig, dies Wort spricht eine andere Zeit, und du bist tot, Valentin Busso. Wir sind beide tot . . . Die Jugend hat neue Worte gefunden und belächelt die unsern." Er versank in Schweigen.

Der junge Kapitän neigte sich leicht. „Weiland mein Herr Vater schläft seit fünf Jahren in der Kirche zu Schönhausen. Ihr habt ihn gekannt?"

Der Alte überhörte die Frage. „Ich habe vor Jahr und Tag an seinem Grabstein gestanden. Kennt Ihr den Spruch, junger Herr, der in seinen Stein eingegraben ist?"

Christoph Friedrichs Gesicht wurde ernst: "Wie der Hirsch schreit nach frischem Wasser, so schreit meine Seele, Gott, zu dir."

Der Greis nickte bedächtig: "Und weiter? Wißt Ihr auch das andere?"

"Wohl, es ist des Hiob klagendes Wort: Wenn man meinen Jammer wöge und meine Leiden zusammen in eine Wage legte, so würde es schwerer sein als der Sand am Meere."

Wieder nickte der Alte. "Das ist nicht das Lächeln von euch Jungen. Das ist das Stöhnen der alten Zeit."

"Mein Vater hat ein schweres und hartes Leben gelebt", sagte der Jüngling nachdenklich.

Der Greis hob den Kopf. "So ist's, wie Gott weiß. Aber die Schrift auf seinem Grab=stein könnt ihr Jungen doch nur lesen. Deuten könnt ihr sie nicht mehr. Oder wißt Ihr, was Valentin Busso mit seiner Grabschrift erzählt, Christoph Friedrich?"

"Mein Vater hat viel Bitternis gekostet. Meinen Bruder Jürgen, der ihm lieb war, haben sie wegen einer Bluttat in Untersuchung gezogen, und zuletzt haben ihn die Türken erschlagen in Kreta. Das war meines Vaters letztes Jahr."

"Das ist eins und nichts. Wißt Ihr nicht mehr?"

"Seinen Lieblingsbruder hat ihm in jungen Jahren ein Putlitz über den Tisch erstochen", setzte der junge Kapitän zögernd die traurige Chronik fort.

„Ihr brecht Steine aus einer Mauer, junger Herr", grollte der Alte. „Aber den Kitt, der die Steine zusammenhält, den vergeßt Ihr. Der Kitt ist die tote Zeit, die Ihr nicht kennt. Was Ihr erzählt, ist Menschenschicksal. So oder so bleibt's keinem erspart. Kann heut' und zu allen Zeiten geschehen. Davon redet Valtins letztes Wort nicht. Auch nicht vom Tode der Anna Katharina, die er geliebt, nicht von verlorenen Kindern und Geschwistern. Valtin Busso klagt die Armut seiner Zeit an. Dankt Gott, daß Ihr die Worte nicht deuten könnt, Christoph Friedrich!"

„Wenn Ihr davon zu reden wüßtet ... und wolltet", begann der Jüngling bittend nach einer Weile nachdenklichen Schweigens. Der Greis sah ihm voll ins Gesicht: „Junger Herr, die Nacht ist wohl lang, und Schlaf habe ich kaum zu erwarten, aber Eure Augen sind hell von jungem Ruhm, und die Fahnen hinter Euch sind feucht vom Tau der Siegesnacht — wollt Ihr das rasche Glück an eine Gespensterbeschwörung wagen?"

Der junge Kapitän neigte sich leicht: „Ich wüßte mir kein besseres Glück in dieser Stunde, als aus Eurem Munde von meinem Vater zu hören." Er winkte seinen Grenadieren. Sie stellten die Fahnen gegen die Wand und traten ab. Die Diener stießen auf einen Wink des alten

Branckow die Fackeln in die eisernen Halter, rückten Tisch und Stuhl zurecht und zogen die Tür leise hinter sich ins Schloß. Der Greis und der Jüngling waren allein.

Eine Weile saßen sich die beiden still gegenüber. Dann begann Klaus von Brankow unvermittelt zu erzählen.

„Der Hufschlag von Torstensons Gäulen und das Poltern seiner Karrenbüchsen lärmte auf der Schiffsbrücke über die Elbe, als die Woche Palmarum heute vor — warte einmal — heute vor dreiunddreißig Jahren anhob. Ich hätte die Zeit nicht in acht genommen, aber mein Zeltbruder Valtin mahnte daran. Er führte seinen Braunen am Zügel über die letzten Planken der schaukelnden Brücke und rief mir etwas zu, was ich bei dem Schwabben und Klatschen des Wassers, dem Schnauben der Gäule und dem wirren Durcheinander von Stimmen und Geräuschen nicht verstand. Aber ich sah, er war erregt. Dann stand er am Ufer neben mir. Und mit einem Male preßte er heftig meine Hand: Klaus, weißt du, daß dort drüben, ein paar Stunden vor uns, — Schönhausen liegt?'

In seinem Gesicht war ein Kampf von Freude und Herzensbangigkeit. ‚Schönhausen — ich habe es, o Gott, seit wieviel Jahren habe ich es nicht mehr gesehen! Und nun, Klaus, zu wissen: dort drüben liegt meines Vaters Haus, dort drüben lauschen Mutter und Schwester angstvoll nach dem wüsten Lärm unseres Trosses und beten, daß das Unwetter vorübergeht . . . Hörten sie das Herzklopfen des Kindes und Bruders aus dem wüsten Schwall, sie wären ruhig.

‚Der Feldmarschall treibt nach der Lausitz,‘ gab ich zurück, ‚wir werden deiner Mutter Haus und Hof nicht drücken.‘

Valtin Busso sah mich lange an, dann sagte er tief atmend: Klaus, es ist die Woche Palmarum angebrochen . . . da ritt unser Herr Christus nach seines Vaters Stadt . . .‘ Ich wußte, er dachte der Karwoche, die dem Einzug folgte. Und ich schwieg und bangte für ihn.

Mit einem Male sahen wir hundert Schritt von uns Torstenson, wie er vom Gaul herab heftig gegen einen Prädikanten gestikulierte, der, von ein paar Reitern eskortiert, vor ihm stand. ‚Ah, sieh dort!‘ rief Valtin und trat hastig zu der Gruppe hinüber. Ich ging ihm nach.

Da fingen wir einen Teil des Gespräches auf. ‚Hafer! Hafer! klagte der alte Schwarzrock, ‚Hafer und Korn sind bei uns zum Märchen geworden! Die letzte Ernte haben wir auf Schubkarren eingebracht, die heurige werden wir mit den Zähnen abweiden wie Tiere.‘

Torstenson rief unmutig ein paar Worte dazwischen, die wir nicht verstanden.

‚Kennſt du den Alten?' raunte ich Valtin zu, der bleich bis in die Lippen neben mir ſtand. ‚Nein. Still!' ziſchte er zurück, ohne einen Blick von den beiden zu verwenden.

Jetzt hob der Prädikant die mageren Arme und rief beſchwörend: ‚Zieht weiter, Herr Feldmarſchall! Verderbt uns nicht in Grund! Dulden wir noch einmal Drangſal, bei Gott, ſo liegt bald alles Land ſo öde wie Schönhauſen!'

Valentin zuckte zuſammen und ſeine ſchlanke Geſtalt ſchwankte. Ich legte meinen Arm um ſeine Schultern. ‚Geſell! Geſell!' flüſterte ich ihm zu, wie man ſeinem Gaul zuſpricht, dem man auch kein Wort zu ſagen weiß, wenn er leidet. ‚Geſell!' Er ließ ſich wegführen. Er dachte nicht daran, mehr hören zu können.

Wir ſaßen an einem Grabenrand lange ſtill in unſeren Gedanken nebeneinander. Endlich hob er das Auge zu mir und preßte mir ſchmerzhaft die Hand: ‚Klaus, haſt du das gehört? So öde, wie Schönhauſen . . . So iſt meiner Mutter Elend ein Sprichwort unter den Leuten geworden, und ich weiß nichts davon . . .'

Dann ſprang er auf: ‚Ich muß den Mann noch einmal ſehen. Jetzt muß ich alles wiſſen.' Ich ging ihm nach.

Der Prädikant war bald gefunden. Wir zogen ihn in einen ſtillen Winkel zwiſchen Hollunderhecken, und dort ſtand er Rede und Ant=

wort, während das unregelmäßige Stoßen und Poltern des ziehenden Trosses von der Schiffsbrücke her wie fernrollender Donner zu uns herüberkam.

Valentin Busso verschwieg seinen Namen. Er wollte die bittere Wahrheit, unverfärbt von Mitleid. Aber an seiner fiebrigen Art mußte der Fremdeste bemerken, daß ein Kind nach seiner Mutter fragte.

‚Von wo kommt Ihr?‘ begann der arme Junge das haftige Verhör.

‚Auf dem Wege nach Stendal haben sie mich beim Betteln aufgegriffen und hierher verschleppt.‘

‚Ihr spracht vorhin von Schönhausen. Liegt es in Asche?‘

Der Geistliche sah forschend in die Züge des tief erregten Jünglings. Dann sagte er bedächtig: ‚Nicht gänzlich. Aber die Einwohner sind in die Wälder geflüchtet und sind teils ein scheues Getier, teils ein reißendes Raubzeug geworden. Nur in dem festen Schloß gibt es noch Räume und Menschen, die darin hausen.‘

Valentin Bussos Brust hob sich unter einem schweren Atemzug. Dann forschte er tastend weiter. ‚So lebt Valentin Bismarcks Witwe ungekränkt?‘ Er brach mutlos ab, denn er sah ebenso wie ich das verstehende Mitleid in dem Gesicht des Geistlichen.

Da gab der alte Mann dem, was wir von seinen Augen faſt ablaſen, Worte: ‚Herr, wenn Ihr, wie ich glaube, der ſeligen Frau Berta Kind ſeid, ſo mag Euch Gott einen Teil ihrer feſten Art gegeben haben. Ihr hat der Herr vor Tagen den Frieden geſchenkt, den er der Welt vorenthält.‟

Er ſchwieg. Der Jüngling hob die Hand vor die Augen und hielt das Haupt tief geneigt. ‚Erzählt!‘ bat er leiſe, ohne aufzuſehen.

Und ſo hörte er ſeiner Mutter Schickſal in ein paar kargen Sätzen, in die der herzenskundige Mann das Leid von Jahrzehnten zuſammenpreßte. ‚Sie hat im eigenen Haus, wiewohl in Elend, ſterben dürfen und mag Gott die Gnade gedankt haben. Vordem mußte ſie jahrelang irren. Mit ihren Kindern aus Schönhauſen flüchtend, hat ſie mit acht Waislein Drangſal gelitten auf kläglicher Fahrt landauf, landab. Hat in Magdeburg, Braunſchweig und Hamburg eine Stätte geſucht. Hat endlich in Stendal in Armſeligkeit gehauſt und ſich mit ihren Kindern vom Spinnen für fremde Menſchen nähren müſſen. Endlich durfte ſie doch heimkehren, was wir ſo heimkehren nennen. Seit drei Wochen iſt ſie wahrhaft heimgekehrt. Gott habe ſie ſelig.‘

Valtin hatte nach meiner Hand gefingert, und ich ſpürte das Beben der ſeinigen, während der Greis ſprach. Jetzt redete er ſelbſt, als der andere ſchwieg, und das Beben ſeiner Hand sprang auf seine zuckenden Lippen über: ‚Es ist meine Mutter gewesen. Gott weiß, sie hat mich vaterloses Waislein nicht mit Leckereien und Zärtlichkeiten gehätschelt. Sie hat mich mit derber Hand in harter Disziplin und Gottesfurcht aufgezogen. Ihre Liebe war ein karges Brot, wie das verelendete Land nur spärliche, schlechte Frucht trägt. . . . Aber es schmeckt dem Hungernden doppelt köstlich.' Und er barg den lockigen Kopf an meiner Brust: ‚Klaus, Klaus, nun wird mich immer nach der herben Liebe hungern. Sie ist tot. . . .'

Ich fragte an seiner Statt weiter: ‚Wer hält nun Haus in Schönhausen?'

‚Herr Ludolf Bismarck.'

Ich strich über Valtin Bussos Kopf. ‚Dein Bruder lebt.' Er dankte mir durch einen Händedruck.

Der Prädikant war aufgestanden. Im Gehen gab er mir ein fast unmerkliches Zeichen. Ich folgte ihm ein paar Schritte abseits. Da raunte er mir zu: ‚Wenn der junge Herr nach Schönhausen reitet, so sorgt, daß er nicht allein ist! Die Bauern im Walde haben sich zu einer Rotte zusammengetan und lauern den streifenden Soldaten auf. Einzelne Männer und kleine Trupps sind verloren, wenn sie unter die Wölfe fallen. . . . Ich mochte es ihm nicht sagen . . .'

Da stand Valtin Busso doch neben uns und

hatte alles gehört. Seine Stimme war rauh und brüchig: ‚Sie kennen mich alle, Herr, und ich kenne sie noch alle, ich habe mit ihnen gespielt als barfüßiger Junge. . . .'

Der Greis sah in fest an: ‚Hütet Euch gleichwohl, junger Herr! Sie werden nichts kennen als den Rock, den Ihr tragt. Das Spielen haben sie vergessen, den Soldatenrock aber kennen sie und jagen danach wie Hunde nach dem Balg des Fuchses.'

‚Es ist unmöglich‘, sagte Valtin Busso tonlos. ‚Es wäre, als ob die Schollen von meines Vaters Acker gegen mich aufstehen wollten. . . .'

‚Hütet Euch!' wiederholte der Prädikant eindringlicher. ‚Auch dem Feldmarschall ist Nachricht davon geworden. Er hat ein Streifkorps ausgeschickt, wie er mir sagte, die Rotte auszuheben und zu vertilgen.'

Valentin Busso schoß das Blut siedend ins weiße Gesicht: ‚Wann — Mensch, wann ist das geschehen?!' Er sah aus, als habe er einen Schlag empfangen. ‚Die Schönhauser Bauern austilgen wie Ungeziefer!' keuchte er. — ‚In meines Vaters Haus will er mit der Peitsche Ordnung schaffen! — Ich will . . .' Ohne auszureden, schritt er stürmisch davon.

Ich ging ihm nach. Kurz darauf sah ich ihn in heftigem Wortwechsel mit Torstenson. Nach Minuten schoß er auf mich zu und rief: ‚Gott im

Himmel, Klaus! es ist so. Das Streifkorps ist seit Stunden unterwegs, um die Bauern zusammenzuhauen, von der eine Patrouille in der Nacht Witterung bekommen hat. Ich habe Urlaub genommen und reite nach. Will's Gott, so verhüte ich den Greuel und schaffe ohne Blut Ordnung.'

Er ließ sich durch nichts bewegen, das halsbrecherische Wagnis aufzugeben. Ich konnte nichts tun, als gleichfalls Urlaub nehmen und mit ihm reiten. Wir saßen auf und stoben auf der Spur des Streifkorps davon.

Wir sprachen kaum ein Wort. Valentin Busso hatte die Zähne zusammengebissen, daß die Backenknochen sich scharf über der straffen Haut abzeichneten. Einmal warf er den Kopf nach mir zurück. ‚Palmarum —!' lachte er mit einer Fratze. Und nach einer Weile noch einmal: ‚Heimkehr! Heimkehr!' Und jedesmal spornte der blutige Hohn unsern tollen Ritt. Es geschah noch ab und zu, daß er wortlos sein Gesicht nach mir herumwarf, und stets sah ich in eine Grimasse. Zuletzt ritten wir in verbissenem Schweigen nebeneinander.

Wir tauchten in den Wald. Dickicht und Morast zwangen, die dampfenden Gäule in Schritt fallen zu lassen. Jeder Weg hatte aufgehört.

Ich war wachsam für ihn und mich. Denn Valtin sah und hörte nicht, er hatte sich in ein finsteres Grübeln hineingefressen und überließ seinem Braunen die Führung.

Mit einem Male knackte ein Etwas über uns im Geäst einer alten Föhre, unter der wir durchritten. Halb gedankenlos hob ich den Kopf und stieß ein Ha! durch die Zähne. Valtin schrak auf, sah sich nach mir um und parierte seinen Gaul, während ich schon um den Baum herumlenkte.

Jetzt sah ich deutlicher. Im Geäst des Baumes hockte ein Mensch. Scharf spähend, erkannte ich die Sohle eines nackten Fußes, ein paar Kleiderfetzen und endlich einen struppigen Haarschopf, der zwischen Stamm und Ast gepreßt war wie ein Eichkaternest.

„Herunter!" rief ich scharf. Der oben regte sich nicht. „Herunter!" donnerte ich noch einmal, ‚oder —' und ich hob meine Reiterpistole. Der Bursche droben hatte den Kopf etwas verschoben, so daß sein Gesicht deutlich wurde. Er konnte die Drohung nicht mißverstehen, aber er leistete ihr nicht Folge. Unschlüssig schielte ich nach Valtin hinüber.

Der starrte mit hart zusammengezogenen Brauen in den Baumwipfel, ohne sich zu rühren.

Ich rief noch einmal: „Herunter, Bursch! So geschieht dir nichts. Aber herunter und steh Rede, sonst — !" Da wurde meine Drohung plötzlich durch den lauten Ruf Valtins unterbrochen:

‚Berndt! Berndt!' und noch einmal ‚Berndt!' Er hatte den Burschen erkannt.

Das Kleiderbündel in der Höhe wurde lebendig. Ein Rascheln und Knacken. Dann wurde es wieder still. Offenbar dachte der Bursche nach. Dann kam es zischend von oben: ‚Herr Valtin Busso —?'

‚Bei Gott, der bin ich!' rief der tief erregte Junge neben mir. ‚Komm herab, Berndt! Es wird dir kein Haar gekrümmt.' Und während oben im Geäst ein katzenartiges Schleichen und Springen begann, verständigte er mich mit hastenden Worten: ‚Ein Kätnerjunge aus Schönhausen . . . eine Handvoll Jahre jünger als ich . . . hab' manchen Krähen= und Habichtshorst mit ihm bestiegen. . . . Gott im Himmel. . . .

Da stand der Mensch vor uns. Eine zerlumpte Jammergestalt, sprungfertig in sich zusammengeduckt. Das helle Mißtrauen glitzerte ihm in den Augen. Völlig verschmutzt und verwildert, schien er nur in ein paar Lumpen zu kleben, die jeden Augenblick abfallen konnten. Valtin verschlug der Anblick die Rede.

Ich handelte für ihn, denn jeder Augenblick konnte Überraschungen bringen, vor denen mir graute.

‚Wieviel seid ihr?' rief ich dem Jungen zu. ‚Wo sind die anderen?' Der Kerl griente mich blöde an. ‚Sind Reiter hier durchgekommen?' versuchte ich es. Er nickte. ‚Du bist vor ihnen entlaufen?' Er nickte wieder. ‚Sind noch mehr Bauern im Walde?' Er sah mich an und grinste.

Da hatte Valtin sich zusammengerissen. Und wie er nun anfing, dem verwilderten Kerl zuzusprechen, rührte mich seine Art bis ins Mark. Sie war erschütternd herzensgütig und hilflos. ‚Berndt! Berndt! Ich helf' euch. Bei Gott, ich helf' euch!' Immer und immer wiederholte er die Worte, und zugleich tastete er nach seinem Beutel und warf ihn in die gierigen Hände des jungen Burschen. Der sah starr auf den erregten Jüngling und barg das Gold ohne Dank in seinen Lumpen.

Und wieder warb Valtin um das Vertrauen des andern. ‚Du kennst mich doch noch, Berndt? Ich mein's gut mit dir, glaub' mir nur! Wahrhaftig, Berndt! Wo sind die andern?'

Die Lippen des Burschen schienen versiegelt. Aber in seinen unruhigen Augen glomm allerlei, was gut und schlecht sein konnte. Jetzt hob er langsam den hageren Arm und deutete zur Linken ins Dickicht. Kein Wort erklärte die Geste, nur ein leises Lachen hinter geschlossenen Lippen. Und dieses Lachen war so tückisch, daß ich Valtin Busso am Arm zurückriß, als er seinen Braunen ohne weiteres nach der Richtung antrieb, in der der Bursche zeigte.

Valtin sah mich herrisch an und sagte trotzig: ‚Ich trau ihm. Er ist ein armes, gehetztes Tier.' Und er saß ab und zog seinen Gaul am Zügel nach sich, während er neben dem Burschen her= schritt. Da stieg ich ebenfalls ab und folgte ein paar Schritt als Nachhut, indem ich Gehör und Gesicht aufs äußerste anspannte.

Es wäre nicht nötig gewesen. Auf das Ziel, zu dem uns der wüste Bursche führte, war weder Valtins Hoffnung noch meine Sorge gerüstet.

Dichter und dichter wurde der Busch, immer grundloser der Morast des Waldbodens. Unsere Gäule waren kaum vorwärts zu bringen. ‚Es ist der helle Wahnsinn, was du tust!' zischte ich Valtin ins Ohr. Er schien nicht zu hören. ‚Valtin! Du rennst blind in die plumpste Falle!' Er keuchte nur ein zorniges ‚Vorwärts!'

Da plötzlich brach der Mensch zwischen uns ein paar Büsche auseinander, und eine Lichtung, halb Sumpf, halb Wiese, lag vor uns. ‚Die an= dern alle hier ... alle da ... tun nichts ... tun euch gar nichts ...' und sprang mit einem schreienden Lachen zur Seite.

Wir aber standen und starrten, keines Wortes mächtig, auf den Moorgrund zu unseren Füßen. Meine Hände, die sich bei dem Koboldlachen des Burschen fest um die Waffen gespannt hatten, lösten sich. . . .

Die Rotte der Schönhauser Bauern lag, zu einem blutigen Haufen zusammengeklumpt, halb im Morast versunken, vor uns. Zusammengehauen, aufeinandergeworfen, hundert zerlumpte, ausgemergelte Menschen.... Wäre nicht nicht das dunkle Blut in den Pfützen und auf den Leibern gewesen, man hätte geglaubt, sie seien in Schmutz und Hunger verkommen....

Das schwedische Streifkorps hatte rasche und gründliche Arbeit getan. Der Bauernlandsturm der verödeten Elbdörfer war zerhauen, niedergetrampelt, erstickt.... Dazwischen Knüppel, Sensen und zerbrochene Dreschflegel in Modder und Schlick und Blut.

Ich hatte Schlachtfelder über Schlachtfelder gesehen und stand über ein Jahrzehnt in Waffen — vor diesem Kehrichthaufen jammervollster Menschlichkeit schauerte mir das innerste Mark. Nach einer Weile besann ich mich auf Valtin. Er stand mit hängendem Kopfe und sah stier geradeaus. Sein Gesicht war entstellt.

„Komm!" bat ich. Er hörte nicht.

Da vernahm ich einen seltsam durchdringenden Schrei, wie das keifende Krächzen eines Holzhähers. Ich sah zur Seite. Der zerlumpte Bursche war verschwunden. Der mißtönige Schrei wiederholte sich. Aus der Waldtiefe kam Antwort. Da begriff ich. Ich riß Valtin herrisch aus seinem

Brüten auf. ‚Fort!' keuchte ich, ihn am Arm packend. ‚Schnell, oder wir sind verloren.'

Ich überflog die Möglichkeiten der Flucht. Mit den Gäulen konnten wir uns nur Schritt für Schritt vorwärts oder rückwärts bringen.... Einen Augenblick war ich entschlossen, die Pferde zurückzulassen. Da erspähte ich eine scheinbar trockene Grasnarbe, die sich quer über den Sumpfgrund hinzog. Ich nahm mein Pferd am Zügel und hastete dem mattgrünen Streifen zu. Als ich festen Grund spürte, atmete ich erlöst auf. Gott sei Dank, auch Valtin schien begriffen zu haben, worum es sich handelte, und folgte mir dichtauf. ‚Vorwärts!'...

Eine Weile hasteten wir stumm vorwärts. Als wir beinahe den jenseitigen Waldgrund erreicht hatten, brach das Gesindel hinter uns aus dem Dickicht. Ein Schreien und Gestikulieren begann, dann nahmen sie die Verfolgung auf. In tückischer Lautlosigkeit jagten sie uns nach über den Sumpf. Ich zählte... zehn... zwanzig — da gab ich das Zählen auf. Vorwärts!

‚Es sind — Klaus, es sind Weiber darunter!' keuchte mir Valtin, rot vor Erschöpfung, zu. Ich sah zurück. Gott im Himmel, wahrhaftig! Ich schauderte. Wenn wir denen in die Hände fielen....

Und wieder schrie Valtin zu mir herüber, als ich, am Waldgrund angekommen, sinnlos gerade=

aus strebte: ‚Dort, Klaus! dort — in zehn Minuten haben wir die Straße.' Er kannte hier Weg und Steg von Kindheit auf, so folgte ich ihm blind, obwohl sein Rat wie Wahnsinn aussah.

Durch das dichteste Unterholz, wo an ein Aufsitzen nicht zu denken war, strebte er in weitem Bogen um die Moorwiese. Ein Weilchen schien es, als liefen wir dem Gesindel geradeswegs in die Hände. Wir hielten scharf auf sie zu. Aber der Sumpf war zwischen uns und ihrem tierischen Haß.

Wenn es uns gelang, in vier, fünf Minuten mit den Gäulen die Straße oder leidlich freien und trockenen Waldgrund zu gewinnen, der ein Aufsitzen und Antraben erlaubte, so waren wir gerettet. Wenn nicht, so waren wir — — — der Gedanke war nicht auszudenken.

Stumm brachen wir uns Bahn. Nach einer Weile sah ich über die Schulter zurück. Es waren keine hundert Schritt mehr zwischen uns und der Meute. Da gab ich die Fluchthoffnung auf. „Nimm die Pistolen, Valtin, es ist Zeit! Wir kommen nicht mehr durch. Aber behalte einen Schuß übrig . . . für dich selbst —"

„Dort!" schrie Valtin zurück, und, bei Gott, im nächsten Augenblick sah ich den Weg vor uns. Es war kaum mehr als eine verwilderte Schneise, aber es war die Straße, die Straße!

Das Gesindel heulte vor Wut. Die meisten

blieben stehen und keiften nur noch hinter uns her. Einzelne jagten wie toll, uns trotz allem noch zu erreichen. Steine und Knittel flogen. Ich hob das Pistol, sie zu züchtigen. ‚Nicht schießen!' herrschte Valtin mich an, und ich gehorchte. Knapp vor den Fäusten, die nach uns haschten, kamen wir in den Sattel. Die Gäule griffen aus. Noch folgte uns ein und der andere jappende, kläffende Hund. Am längsten hielt ein hageres Weib das sinnlose Rennen aus. Dann erstarb das Geschrei hinter uns. Die Gefahr war vorüber.

Eine Stunde lang ritten wir ohne ein Wort nebeneinander. Und als Valtin endlich zu reden anfing, war es eine fast kindische Klage: ‚Der Berndt, Klaus! Du hättest ihn kennen sollen... sie haben einen tollen Hund aus ihm gemacht... und aus all den anderen. . . . Ich habe mit ihnen geklettert und geschwommen . . .' Er brach ab, und ich gab nichts zur Antwort. ‚Und jetzt, jetzt . . . sie möchten den Sohn mit den Gebeinen von Vater und Mutter erschlagen —!' So ritten wir weiter.

Mit einem Male fing er wieder an, und durch die Müdigkeit seines Tonfalls zitterte doch eine leichte Erregung: ‚Hinter der Biegung dort, Klaus, liegt Schönhausen!' Und ich merkte, wie er mit heftigem Schenkeldruck seinen Braunen antrieb.

Wir bogen um die Ecke. Unvermutet lenkte die Straße aus dem Walde und verlor sich in verwüsteten Ackerbreiten. Valtin Buffo beugte sich weit im Sattel vor. Dann riß er dem Gaul hart in die Zügel. Er bäumte hoch und stand. Ich reckte mich auf, und nun sah auch ich, was meinen Kameraden versteinte. Ich sah Valtin Buffos Vaterhaus brennen. . . .

Wir hielten so still nebeneinander am Rande des Holzes, daß es aussah, als schauten wir verträumt in den friedlichen Abend.

Aber vor unseren Augen brannte Schönhausen.

Eine dicke, schwere Qualmwolke stand über dem hochragenden, breiten Turm der Kirche. Sie stand wohl schon seit Stunden. Ihre Ränder waren licht und flaumig, und ihr Schoß war noch rosig von der warmen Glut, die sie erfüllte. Die schrägen Abendstrahlen der Sonne brachen sich an ihr und fluteten in einer breiten Lichtstraße über sie hin. In diese Wolke hatte sich Valentin Buffos Heimat aufgelöst. Flammen zuckten noch auf, hier und dort, als schössen Schlänglein aus alten Gesteintrümmern. Sonst kein Leben und keine Geschäftigkeit. Es war dort so still wie bei uns am Rande des Busches.

Die Woche Palmarum war in Stunden vorübergerauscht. Dort vor uns lag der Karfreitag, den unsere Kameraden uns bereitet. Unsere Ka=

meraden —! Sinnlos und leer war, was wir
taten und trieben. . . .

Ich sah, wie Valtin müde vom Roß glitt, sich
langhin ins Gras warf und über die gekreuzten
Arme hinweinte. Da saß auch ich ab, hockte mich
an den Grabenrand und sah erschüttert seiner
stillen Verzweiflung zu.

Ein Kiebitz stob schwirrend mit klingendem
Schrei aus einer Furche. Sonst regte sich nichts.

Nach einer Stunde fing ich an, nach Trost-
worten zu suchen. Und als ich sie gefunden
hatte, fehlte mir der Mut zum Reden. Da stand
Valtin auf und blickte mich starr an. Ich sah
in seine heißen, trockenen Augen und wußte, er
hatte nicht weinen können, und er erbarmte
mich.

Ich legte meinen Arm um seinen Hals.
„Gesell," sagte ich, „vor Jahr und Tag saßen
wir zusammen auf der hohen Schule zu Helm-
stedt. Lange hat uns die wüste Zeit dort nicht
Weisheit trinken lassen, aber wenn dir Plato
oder die Stoa noch ein wenig anhinge, so
könntest du's heut' wohl brauchen . . ."

Da sah er mich finster an und sagte zähneknirschend: „Leben und Sterben ertragen —
dazu können die Philosophen helfen, und ich
bin auch ohne sie Manns genug dazu. Was
hilft mir alles Verstehen und Verachten der

Welt, wenn ich Gott nicht mehr begreifen und fühlen kann! Die Pflicht b r a u c h e n mir deine Philosophen nicht zu zeigen, und die Freudigkeit zur Pflicht k ö n n e n sie nicht geben! Die Brust zu durchkälten und das Herz zu verhärten, dazu taugen deine Philosophen, dazu brauche ich sie nicht — wer schafft mir Wärme?" Und nach einer Weile ächzend: "Laß die Philosophen und gib mir einen Tropfen Christentum...."

Klaus von Brankow schwieg und sah nachdenklich auf den tiefergriffenen Jüngling, der vor ihm saß. Und er fing wieder an: "Wenn ich dich so ansehe, Christoph Friedrich, so ist mir, als müßt' ich den Arm um deinen Kopf legen und dir sagen: ‚Haft du das alles vergessen, Valtin? Hat dich ein anderer besser trösten können als ich, Valtin Buffo?' Aber Valtin ist tot, und sein Reich war und ist nicht von dieser Welt. Verstehst du jetzt seine Grabschrift, Christoph Friedrich?"

Der Jüngling neigte leise das Haupt. Und der Greis begann noch einmal, indem er unverwandt auf seinen Zuhörer blickte: "Nun ruft Ihr Brandenburg! Brandenburg! und die Lust zur Welt geht Euch dabei wieder auf wie Morgensonne. Valentin Buffo hat den Ruf auch noch aufschwellen hören, als Friedrich Wilhelm die fremden Kriegsdienste verbot, aber er hat nichts anderes dabei gefühlt als bei jedem Feldgeschrei. M i r ist seit heute, seit ich Valentin Busso wiedergeboren unter der alten Fahne sehe, mir ist, als habe ich einen Anhauch der Glut verspürt, in der die junge Zeit ihre Traumkronen schmiedet."

Da ergriff der Jüngling leidenschaftlich die Hand des Greises und rief glühend: „Ich glaubte ganz von ihr zu brennen. Aber erst, seit Ihr mir die Asche der Vergangenheit aufgedeckt habt, weiß ich, wofür und wovon wir leben!" Und nach einer Weile setzte er hinzu, wie ein Gebet: „O Gott, möchte es alles zum guten Ende gehen und nicht alles umsonst sein!"

Da griff der Greis leise lächelnd mit seiner kühlen Hand nach der heißen des erregten Jünglings: „Umsonst? Es mag enden, wie es will — Ihr werdet Euer Brandenburg! Brandenburg! nicht umsonst gejubelt haben. Hat nicht der tote Begriff Vaterland lebendige Schönheit und Taten gezeitigt? Haben nicht tausend junge Menschen durch tausend Stunden menschlichen Lebens nicht an Leichtes und Leeres und Arges gedacht, sondern sind mit warmen und festen Herzen durch Tage und Nächte gegangen? Kann eine Zeit ‚umsonst' sein, die aus dem sprödesten der Stoffe, aus dem menschlichen, Kunstwerke gemacht und sie auch denen offenbart hat, die sie wie Barbaren zertrümmern mußten?"

Christoph Friedrich von Bismarck neigte sich tief über die Hand des alten Mannes und küßte sie.

"Nun laß sehen, ob ich noch Schlaf finde", verabschiedete der Greis gütig den Jüngling, den er rasch liebgewonnen hatte. "Die Sterne funkeln noch hell am Himmel, aber die Juninächte sind kurz." Dabei hob er die Hand und deutete nach dem Fenster. Einen Augenblick glaubte auch Christoph Friedrich Sterne herüberfunkeln zu sehen, dann aber sah er schärfer und gewahrte, daß der helle östliche Himmel schon sein frühes Licht durch das Sieb der Blätterwildnis in der breitwipfligen Linde vor dem Hause hindurchsickern ließ.

"Es ist der Morgen, der herübergrüßt", sagte er, und seine leuchtenden Augen zeigten, daß er sich des freundlichen Nebensinnes der Worte freute.

"Wahrhaftig, es sind keine Sterne", gab Klaus von Brankow, nun gleichfalls lächelnd, zurück. "Ja, ja, Eure jungen Augen kennen den Morgen besser als unsere alten. Nun Glückauf für den lichten Tag, Christoph Friedrich! Mir aber wünscht immerhin die gute Nacht, nach der mich verlangt." —

Die sibirischen Tage
des Herrn Ludolf August von Bismarck.

Die Bekanntschaft zwischen den zwei sibirischen Verbannten, dem Herrn Ludolf August von Bismarck und dem Magister Ernst Gotthold Jordan, leitete sich auf eine sehr spaßhafte Weise ein und hätte doch beinahe in kurzer Zeit zu einem Brande von Tobolsk, zu toll verwegenem Fluchtversuch und schimpflich qualvollem Tode geführt.

Das alles kam so:

Herr Ludolf August hatte an einem bitterkalten Märzabend, den selbst die mitleidige Windstille kaum erträglich machte, die bescheidene Freiheit, die ihm der Vizegouverneur ließ, zu einem Spaziergang am Ufer des Irtisch benutzt. Er hatte den Lauf des Flusses bis zur Einmündung des Tobol verfolgt, als ihn der aus einem verfallenen hölzernen Bauernkaten dringende Rauch die Sehnsucht nach einer wohltätigen Erwärmung seiner durchkälteten Hände und Füße empfinden ließ. Er öffnete die niedrige Brettertür und fand sich in einem ungedielten, schmutzstarrenden Raum, dessen Boden trotz des beizenden Holzqualms, der

in blauen Schwaden in der Luft lagerte, von Eis=
kriftallen glitzerte.

Die Feuerftelle aber war auf eine groteske
Weife befetzt.

Ein offenes Holzfeuer brannte in einer Art
lehmgemauerten Kamins, der, übermannshoch ge=
wölbt, in die Rückwand der Hütte eingebaut war
und alfo faft bis zur Höhe der Dachfparren herauf=
reichte. In beträchtlicher Höhe war in die Wöl=
bung ein Balken eingefpannt, von dem ein eiferner
Topf über das Feuer herabhing. Von einem der
rußfchwarzen Dachfparren aber reichten derbe
Stricke herab, an denen ein kleiner viereckiger
Holzkaften fchwebte, und in diefer feltfamen
Schachtel brodelte nicht irgendeine frugale Mahl=
zeit, fondern es ruhte darin auf weichem Lumpen=
lager, rot von der Herdglut angeftrahlt, ein
fchreiender, nackter Säugling.

Diefe fchwebende Wiege wurde von einem
vielleicht zwölfjährigen mageren Knaben in
fchaukelnder Bewegung gehalten, der, gleichfalls
unbekleidet, auf dem feuchten Lehmboden ftand,
der dicht vor der Feuerftelle zu einer fchmutzigen
Pfütze aufgetaut war. Nur feine Füße ftanden
auf ein paar trockenen Lappen.

Der fchaukelnde Holzkaften mit dem rofigen
Balg darin quirlte in dem die Hütte füllenden
bläulichen Dunft, in dem zitternden roten Feuer=
fchein und in den tanzenden Schatten. Dahinter

zuckte die Glut des Kamins und warf knisternde Funken gegen den Ruß der Wölbung.

Erst als Herr Ludolf August lächelnd nähertrat, bemerkte er tiefer im Halbdunkel des Katens einen gebückt sitzenden Mann, der ein Blatt Papier auf den Knien hielt und eifrig skizzierte. Der Eindringling erkannte an Kleidung und Gesicht des Zeichners sofort einen Leidensgefährten. Er trug einen schäbig gewordenen schwarzen Rock von westeuropäischem Schnitt, schwarze Kniehosen und eine lange Schoßweste mit freilich aufgebröselter und zersplissener Seidenstickerei. Nur der Galanteriedegen fehlte, und statt in weißen Strümpfen und Schnallenschuhen staken Füße und Unterschenkel in wärmenden Fellwickeln. Das braune Haar war ungepudert, doch war der Haarbeutel mit breiter, schwarzer Bandschleife als Erinnerung an bessere Tage behalten.

So unterdrückte Herr Ludolf August den russischen Gruß, der ihm beim Eintreten auf der Zunge lag, und sagte artig: „Bon soir, monsieur, est-il permis?"

Der Mann, der auf dem Futtertrog saß, hob das Haupt und blickte dem Eintretenden gleichgültig ins Gesicht. Herr von Bismarck sah in ein harmloses, rundes Kindergesicht mit hübschem Kinn und kleinem Mädchenmund und in ein Paar sanfte Augen. Nur der Widerschein des Feuers zerstörte die Täuschung, daß das bartlose Gesicht einem Jüngling gehöre; die flackernde Glut zeigte um Stirn und Augen unbarmherzig die Spuren beginnenden Alters. Der Zeichner mußte ein Mann von vielleicht vierzig Jahren sein und war älter, weil er ein gut Teil der Zeit in sibirischer Luft veratmet hatte.

Gleichmütig erwiderte er den Gruß des Fremden und ließ sich nicht in seiner Arbeit stören.

Herr von Bismarck trat, ohne seinerseits viel Umstände zu machen, näher heran und betrachtete über die Schulter des Zeichners die entstehende Rötelskizze.

„Ah — c'est joli!" entfuhr es ihm, „c'est bien joli!"

Der andere kritzelte und wischte weiter.

Herr von Bismarck schaute ein Weilchen ungeniert zu, dann komplimentierte er weiter:

„Vous êtes un autre François Boucher, monsieur!"

Jetzt ließ der Zeichner den Stift ruhen und seufzte tief. „Ah, Boucher —!"

Herr von Bismarck begriff, was der Seufzer bedeutete, und gab ihm Worte. „Oui, monsieur, Boucher — ce n'est pas un nom! c'est Paris! c'est le monde! c'est la vie et la liberté!"

Nun fand auch der kleine Mann Worte, und Herr Ludolf August war nicht sonderlich erstaunt, als er die Unterhaltung deutsch fortsetzte. Man verbannte nach Sibirien nur die Intelligenz, und Bildung und Intelligenz in dem Rußland des großen Peter und der Frauen und Kinder, die nach ihm mit seinem Zepter spielten und rauften, waren meist deutschen Ursprungs.

„Ja, mein Herr," seufzte der Zeichner, „Boucher! Man sollte solche Namen hier nicht nennen. Man sollte sie ganz vergessen, da man sie nicht leben darf. Im übrigen — Sie schmeicheln mir. Das ist eine Studie, nichts weiter, und über unfertige Studien und unfruchtbare Entwürfe wird hier niemand hinauskommen."

„Sie scheinen gleichwohl einige Freiheiten zu genießen, mein Herr", setzte Bismarck mit erwachendem Interesse, das durch das heimische Idiom genährt wurde, die Unterhaltung fort. „Sollte man Ihnen das unschuldigste und ungefährlichste Spielzeug, Leinwand und Farben, vorenthalten?"

Der Kleine schüttelte traurig den Kopf. „Pinsel und Farben — das hätte ich alles im Überfluß, mein Herr, aber fünfzehn Sommer und Winter in Sibirien — da gefriert die Phantasie!"

„Warten Sie," lächelte der andere, „fünfzehn Jahre — das heißt, Sie wurden 1727 nach Tobolsk abgeschoben. Wir leben in einem Lande, in dem sich das Schicksal aus Jahreszahlen erraten läßt. 1727, das war das Schicksal für den

Fürsten Menschikoff. Sind Sie sein Parteigänger gewesen?"

Der Zeichner lächelte bitter und wehleidig. „Ich heiße Ernst Gotthold Jordan und bin ein Präzeptor aus Halle. Nun wissen Sie, mein Herr, daß ich kein Parteigänger des Fürsten bin. Aber Baron Semenow war sein Parteigänger, und ich habe das Verbrechen begangen, Hofmeister seiner Kinder gewesen zu sein!"

Und er kam ins Schwatzen. „Sie kennen den Erlaß des großen Zaren, der den russischen Adel aus seiner Faulheit aufstörte: ein Adliger, der nicht lesen und schreiben kann, geht seiner Erbrechte verlustig. Dieser Erlaß war mein Schicksal. Ich wurde dem Baron als Hofmeister empfohlen und also auch mit ihm verbannt."

„Ja," lachte Herr von Bismarck, „unsere Zeit geht aufs Ganze! Ab und zu wird der Staatskarren von einem neuen Kutscher umgedreht und auf den Kehricht ausgeleert — da gibt's kein langes Prüfen und Auslesen!"

„Und Sie, mein Herr," wehrte sich der andere ein wenig verletzt gegen die leichte Art, in der seine drückende Lage bekrittelt wurde, „wer sind Sie, daß Sie von den Lastern der Zeit wie von kindischen Unarten reden, durch die sich ein verständiger Mann nicht irritieren läßt?"

„Fragen Sie mich, was ich gewesen bin,"

kam es unbeirrt zurück, "so wird unterhaltsamer zu erzählen sein. Sie wissen, daß, wer hier ist, nichts ist, sondern höchstens einmal etwas war. Hier bin ich immerhin noch der Herr von Bismarck, aber man hört's dem bescheidenen Namen nicht an, welch großmäuliger Titel er sich einst als Vorreiter und Vorspann bediente. Sie wissen, Orden und Titel bleiben in St. Petersburg, wenn der Rest des Menschen nach Sibirien reist. Vordem war ich Generalgouverneur von Livland und sonst noch einiges, was hochtrabend und lächerlich genug in dieser Luft klingt, die schon mehr solcher Schatten zerblasen hat. Mein Verbrechen ist indes dem Ihren nicht unähnlich. Sie waren der Hofmeister des Barons Semenow, und ich war der Schwager des Herzogs von Kurland. Voilà tout!"

Der Magister kopfnickte. "Ernst Johann Graf Büren, Herzog von Kurland — warten Sie, ich kann auch Schicksalsbeschwörung in Ihrem Stil treiben, mein Herr, — Büren? Büren? Sein Schicksal war 1740, als Zarewna Anna starb . . . So sind Sie also seit zwei Jahren in Tobolsk."

"Bravo, bravo!" applaudierte Herr von Bismarck belustigt.

Aber diese Behaglichkeit seines neuen Bekannten machte den kleinen Magister mißlaunig. "Sie haben gut lachen! Sie haben das Leben wohl nie anders als in dem kolossalischen Maßstabe gelebt, in dem es von unserer Zeit gelebt sein will. Sie haben den starken Wein, nach dem ich schmachte, bis zum Ekel und Überdruß genossen, und das Trünklein harten Wassers, das die letzten zwei Jahre Ihnen aufzwangen, belustigt Sie als etwas Kurioses, weil es etwas wie ein neuer Kitzel für Sie ist...."

„Sie werden grob," unterbrach Herr von Bismarck lächelnd, „aber Sie haben so unrecht nicht. Das Leben in kolossalischem Maßstab, wie Sie es nennen, scheint allerdings jetzt zuweilen wie ein erschöpfender Rauchzustand hinter mir zu liegen, aber Sie unterschätzen, glaube ich, unnötig die Ehrlichkeit und Tiefe meines Ruhebedürfnisses und meiner Lust an der Resignation. Würde ich heute frei — und daß ich's über kurz oder lang werde, ist ohne Zweifel, denn ich habe meine intimen Verbindungen mit jeder der zurzeit kollidierenden Gewalten —, so weiß ich nicht, ob ich nicht das otium dem negotium vorziehen und vor der Welt auf meine Besitzungen flüchten würde."

„Oh, mon dieu! könnte ich Pläne machen!" seufzte Jordan. „Aber mein Leben liegt hinter mir, ehe es angefangen hat. Ich habe nie gelebt, mein Herr! Nicht einmal die kurzen Jahre der Freiheit habe ich genutzt. Ich habe gelesen, studiert, geträumt, und ich habe nie, nie, nie gelebt und gehandelt!

Würde ich heute oder morgen frei, so würde ich anfangen zu leben. Aber freilich, ich habe keine Aussicht, hier fortzukommen. Die wenigen Freiheiten, die ich genieße, danke ich dem Umstande, daß der Vizegouverneur mich brauchbar findet, seinen Rangen das Abc beizubringen, und dieser Umstand gibt also ein paar Freiheiten, nur um mir Aussicht auf jede Freiheit zu rauben. Denn der mich brauchen kann, ist der einzige, der mir forthelfen könnte!"

Herr Ludolf August wiegte den Kopf. „Qui vivra verra! Einstweilen zeigen Sie mir noch einmal, was Sie in Ihrer unfreiwilligen Muße gezeichnet haben. Dies ist, soweit ich mich darauf verstehe, eine versteckte Allegorie. Lassen Sie doch raten! Mein Gott, was haben Sie aus diesem hageren, braunen Lümmel für ein glattfelliges Porzellanfigürchen gemacht! Und wo haben Sie die kokette Partnerin her, diese kleine Eva, die ihre weißhäutige Lieblichkeit so dreistverschämt zur Schau stellt?"

Die Rötelskizze idealisierte in der Tat die kleine Szene in einer galanten und süßlichen Manier. Ein Mädchen und ein Knabe standen, vom Feuer rosig angestrahlt, unter der hängenden Wiege, die ihnen zu Häupten schwebte, und blickten mit schämiger Neugier zu dem Säugling empor wie zu einem unerklärlichen Wunder.

ding oder einem Rätsel, dessen Lösung man kennen möchte.

„Das Mädchen ist reine Erfindung oder, wenn sie wollen, Erinnerung an ein besseres Vorbild. Der Knabe ist der Bruder und Wärter des Kleinen und steht mir gegen ein paar Kupferstücke Modell. Das Ganze ist nichts als ein Scherz, zu dem mich der Anblick dieser Szene, die Sie sehen, inspirierte: Adam und Eva unter dem Baum mit der Erkenntnisfrucht."

Herr von Bismarck lächelte amüsiert. „Vortrefflich! Und wie ich sagte, es erinnert an Bouchers unschuldige Lüsternheiten."

Wirklich war in der koketten Manier des Franzosen die Harmlosigkeit der Kinderszene mit einem feinen Hauch bewußter, verschämter Schelmerei überzogen, und diese etwas fade Schminke verdarb die unschuldige Nacktheit der Kinderkörper. Aber die Zeichnung war artig genug kombiniert und in ein paar flotten Strichen mit bestrickender Anmut hingeworfen.

Der Beifall des Herrn, der aus den Salons der großen Welt kam und sich durch ein paar Worte als Kunstkenner legitimierte, trieb einen Anflug von Röte in Jordans Gesicht. „Wenn Sie Freude an diesen Sächelchen haben," sagte er halb verlegen, halb geschmeichelt, „so nehmen Sie immerhin das Blatt von mir zum Andenken!"

Aber Herr Ludolf August gab artig zurück: „Ich sehe, mein Herr, Sie sind ein Verschwender. Aber erlauben Sie mir, Ihr allzu kostbares Geschenk in der besten Absicht zu refüsieren. Ich hoffe, Sie werden die Skizze für mich in Farben übertragen, und erlauben mir wohl gar, ab und zu mit Ihnen ein paar Stündchen während der Arbeit zu plaudern? Ich habe eine Art Sehnsucht nach stillen, gelehrten Gesprächen und beschaulichen Betrachtungen und werde hier sonst nur mit Lamentationen von Leuten, die sich nach dem Metier zurücksehnen, an dem ich mir den Magen verdorben habe, gefüttert."

„Ich stehe mit Vergnügen zu Diensten," sagte der Magister erfreut, „und überglücklich wäre ich, wenn Sie mir Ihrerseits dann und wann ein Schmäcklein Weltluft zu kosten gäben, indem Sie mir von Ihrem Leben erzählen, das durch die Höhen und Tiefen führte, nach denen ich mich sehne. Sie werden sehen, wie begierig ich nach den Schatten hasche, die Sie beschwören!"

„Nun, so werden wir, denke ich, miteinander auskommen," stimmte Herr Ludolf August zu, „wenn Sie sich Bilder mit Schatten bezahlen lassen — an dieser Münze ist bei mir kein Mangel! Den ersten mögen Sie gleich leibhaftig sehen, voilà!" Und er wies auf die Herzseite seines braunen Rockes, wo sich ein kaum merklich dunklerer Fleck in Form eines rundumkränzten Kreuzes auf dem Tuche abzeichnete. "Das ist der Schatten, den der Stern des St. Annenordens über meinem Herzen gelassen hat, weil die Sonne die Farbe des Stoffes unter ihm nicht ausziehen konnte. Es ist ein nachdenklicher Anblick für mich und auch ein Stückchen Allegorie oder Symbol wie Ihr Erkenntnisbaum."

Er lachte und schloß dann, indem er sich zum Gehen rüstete. "Aber nun ist wohl unser beider Stündlein gekommen? Oder haben Sie Freiheit, die Nacht hier draußen zu verschwärmen? Kommen Sie, mein Herr, es wird Zeit, uns daran zu erinnern, daß wir Gefangene sind. Unsere hölzerne Zwingburg wartet auf uns." —

Diese erste kleine Begegnung wirkte tief in dem einsamen, bedrückten Magister nach. In der hohen, leicht und sicher schreitenden Gestalt des Herrn von Bismarck mit dem scharfumrissenen, herrischen Machthabergesicht verkörperte sich ihm das große Leben, daß er verpaßt zu haben glaubte. Der Mann mit dem trotzig gemeißelten Kinn und den eigenwillig ausholenden Linien um Wange und Stirn war durch die Prunkpaläste der kaiserlichen Frauen, die sich in Blut und Purpur kleideten, gegangen und hatte nach Lust und Laune an ihren Intrigengeweben mit seinen gepflegten Händen mitgewoben oder sie mit geballter Schwertfaust zerrissen. Er war vertraut

mit den für die Masse schreckhaft rätselvollen Palastrevolutionen, die über Nacht der
Welt einen neuen Herrn gaben und ihn über
Nacht wieder unter prunkenden Gruftplatten
erstickten, jenen Eruptionen cäsarischer Herrsch-
gier, die jedesmal fernwirkend wie Erdbeben
die Paläste der Großen und Hütten der Kleinen
wie Kindertand zusammenwarfen. Er war einer
von denen, die sich belustigten, die Bestie Schicksal zu zähmen und ihr spielend den klugen Kopf
zwischen die schäumenden Kiefer zu legen. In
dieser Stellung schien ihm Herr von Bismarck
zurzeit lächelnd und herausfordernd zu ver-
harren, und er zweifelte keinen Augenblick, daß
er bald mit lächelnder Lässigkeit das scheinbar
verlorene Haupt aus der Umklammerung be-
freien und die zähnefletschende Bestie mit dem
Herrscherblick seiner blauen Augen zu winselnder
Demut zwingen würde.

Als der kleine Magister ein paar Tage
später wieder in der Hütte am Irtischufer mit ihm
zusammentraf, war er einen Augenblick enttäuscht
und fast verblüfft. Seine Phantasie hatte aus
dem anderen ein unerhörtes Phänomen gemacht,
einen Dämon an Haltung, Tracht und Gebärde.
Nun verwirrte ihn die fast schon etwas schäbige
Schlichtheit des braunen Rocks und die alltäg-
lich-nüchterne Phrase der Begrüßung. Aber der
leichte Fluß des Gespräches verschwemmte rasch

seine Ernüchterung und trug ihn zu den Märchenküsten des fernrauschenden Lebens, nach dem er sich sehnte.

„Erzählen Sie mehr!" bat er wieder und wieder, und Herrn von Bismarck belustigte es, den Widerschein längst verglommener Tage und Nächte wie ein Licht= und Schattenspiel gegen die Bohlenwand der Bettelhütte zu werfen und das große Kind mit den leuchtenden Augen gleichsam in die Hände patschen zu sehen.

Und um Ernst Gotthold Jordan sprühten zum ersten Male im Leben die Fackeln blutiger Lebensfeste auf, daß er oft in halber Betäubung zu erleben wähnte, was er hörte, und schließlich durch ein leichtes Scherzwort Bismarcks in die ernüchternde Misere der Wirklichkeit zurück= gerufen wurde.

Herr Ludolf August beschwor die Bilder toter Tage und Dinge, ohne umständlich ihren Zusammenhang aufzudecken, und riß seinen Hörer ohne weitläufige Erklärung von Schauplatz zu Schauplatz, von einem Ende Europas zum andern. Aber dieser verlangte nach keiner Verknüpfung. Die groteske Sprunghaftigkeit des phantastischen Lebenslaufes machte ihm das Ganze doppelt märchenhaft und anziehend. Das Hören wurde ihm zu einer Art traumhaften Erlebens.

Ja, er selbst war es, der da fern in einem holländischen Nebelwinkel als Sohn eines preu=

ßischen Generals geboren wurde. Er selbst berauschte sich an dem Abglanz ruhmreicher väterlicher Erinnerungen. Er war es, der, ein halbes Kind noch, zu seiner Bildung eine Kavalierreise durch halb Europa machte. Er sprang als Knabe in die Armee des barbarischen Soldatenkönigs, dem großen Vorbild des Vaters nachzueifern, der einst die eroberten Schwedenfahnen von Fehrbellin nach Berlin geleiten durfte. Ihn selbst zermürbte die langweilige Nüchternheit des Gamaschendienstes in dem nordischen Sparta, das Friedrich Wilhelm wie eine Bauern- und Söldnerenklave mitten in der liederlich gewordenen Herrlichkeit des lebenstrunkenen Europa schuf. . . . .

Dann kämpfte er wirklich, dem väterlichen Vorbilde gleich, gegen schwedische Fahnen und lag um Wachtfeuer vor dem waffenstarrenden Stralsund.

Und mit einem Male trug ihn die Sprunghaftigkeit seines Traumes in die Kaiserstadt an der Newa, die eben erst Peter der Große auf Sümpfen, die er mit Menschenleibern zuschüttete, erbaut hatte. Er wunderte sich nicht, daß er mit einem Male russische Generalsuniform trug und darauf das Ritterkreuz des weißen polnischen Adlers . . . .

Er reiste als russischer Diplomat nach der meerumtosten Küste Englands und wandelte unter

Königen und Kurtisanen an den Höfen Europas, hörte französische Trauerspiele und spann selber Tragödien und Komödien der Völker und ihrer Herren . . . .

Er trug die russischen Waffen nach dem Balkan und raufte mit Türken um den Halb= mond. . . . .

Er führte das Oberkommando in dem unter den Bränden des Bürgerkrieges zuckenden Polen.

Er wurde Woiwode, Gouverneur und Generalgouverneur und verschwägerte sich dem allmächtigen Günstling der Kaiserin Anna, dem Grafen Büren, indem er die stolze Baronesse Katharina Trott zu Treyden zum Altar führte. In dreißig sechsspännigen Galakutschen folgten ihm die Eltern des Thronerben mit ihrem Hof= staat durch die Straßen der Kaiserstadt am Newaufer, an den steinernen Palästen der Großen vorüber, deren Fensterzahl sich nach der Zahl der Leibeigenen bemaß, die darin fronten, den steinernen Dokumenten der Menschen= sklaverei. Die Kaiserin Anna tanzte in eigener Person auf dem Prunkball, der die Zeremonien beschloß . . . . Die Musik rauschte auf und verrauschte. . . . . .

Und nun wieder lag er mit zwei Regimentern in dem Saal der Stände in Mitau, in dem die kurländischen Herren ihren Herzog kürten, und das despotische Klirren seiner tausend Waffen zwang die knirschenden Großen zur Wahl seines neuen Schwagers, des Grafen Büren, zum Herzog von Kurland .....

Die Kaiserin Anna machte ihr Testament und setzte den neuen Herzog zum Regenten über Rußland ein, aber ihre Leichenfackeln verzehrten das beschriebene Papier und leuchteten Büren und Bismarck nach den sibirischen Eiswüsten ....

Ein berauschendes und betäubendes Träumen! —

Als Herr Ludolf August wieder einmal — es war an einem Frühlingsabend — die Fäden seiner Erzählung mit lässiger Hand fallen ließ, rief der kleine Magister, aus seinem Traumhimmel jäh in die Wirklichkeit abstürzend, schmerzlich aus:

"So wie mir bei Ihren Worten zumute ist, mein Herr, so muß einst den Troglodyten gewesen sein, wenn über ihren Höhlen, ihnen zu Häupten, der leichtschütternde Schritt der über Felshöhen wandelnden Götterboten klang!" Und er barg das Gesicht in den Händen.

Aber Herr Ludolf August lächelte.

"Und was werden Sie sagen, mein Herr, wenn ich Ihre Lamentationen gleichsam persifliere und gleich Ihnen über versäumte Lebensmöglichkeiten klage? Welche Genüsse müssen

sich aus der stillen Rezeptivität eines nach innen
gerichteten Lebens schürfen lassen? Ja, wahr=
haftig, so oft habe ich in diesen Wochen erzwun=
gener Passivität das deutliche Bewußtsein, daß
ich die würdigere und erquickendere Daseinsform
nicht erkannt und ergriffen habe. Und nun ist
es wohl zu spät. Der beschauliche Umgang mit
Ideen ist doch wohl die tiefste Würze des Lebens,
ist die einzig wahre Aktivität. Aber diese
Sprache muß Muttersprache des Menschen sein
und ist in späteren Jahren kaum noch nachzu=
lernen. Doch glauben Sie mir, wenn ich wieder
in mein tägliches Leben zurückgekehrt bin, so
werde ich fortan oft irgendeinen kleinen Prä=
zeptor oder Pastor, der, von allen übersehen, zu
unterst an meinem Tisch sitzt, nachdenklich und
halb neidisch betrachten und mir vorstellen:
Dieser Mensch ist mehr als du, er verkehrt mit
Ideen wie mit seinesgleichen, während du
höchstens mit Kaisern und Königen zu tun hast;
und weil er mit Ideen zusammenhaust, sieht er
in dir und deinesgleichen nur verstümmelte, gro=
teske oder verworrene Ideen und lächelt unmerk=
lich, während er, der einzig Wache, unserm auf=
geregten Träumen zuschaut."

"Verzeihen Sie mir," unterbrach der kleine
Magister nervös, "aber ich sehe in solchen Tiraden
nur den augenblicklichen Schwarzbrothunger des
Pastetenschlemmers."

"Nun wohl," lächelte Herr von Bismarck unbeirrt, "so wässert denn uns beiden der Mund nach dem täglichen Brot des anderen."

"Mit dem einzigen Unterschied, daß Sie sich das meinige täglich backen können, während ich . . ." und er lachte in bitterer Selbstverhöhnung auf.

"Können Sie denn etwa nicht handeln, wenn Sie danach gelüstet? Sind Sie ein Willenskrüppel? Glauben Sie, daß das Leben Ihnen keine Möglichkeiten der von Ihnen kindlich angeschwärmten Aktivität bietet? Das Leben ist eine unendliche Kette von tausend törichten und klugen Möglichkeiten, und jeder kann sich daraus so viel Ringe, als ihm beliebt, lösen und ein paar an jeden Finger stecken!"

"Sie spotten!"

"Nein, wahrhaftig nicht! Es braucht nichts als ein wenig angeborene oder angeschulte Übung, solche Möglichkeiten zu sehen!"

"Und welche, wenn es beliebt, sehen Sie für mich?"

"Schließlich muß sie jeder selbst sehen. Aber wenn Sie wollen, so lassen Sie mich Ihnen sagen: Stäke ich in Ihrer Haut, und es triebe mich aus Ihrer angeblichen Passivität heraus, so würde ich längst auf die Gefahr des Leibes und Lebens auf und davongegegangen sein."

"Hahaha!" hohnlachte Jordan. "Das hört sich schön an. Aber warum sind Sie nicht längst auf dieser leichten Flucht?"

"Ich? Warum sollte ich fliehen? Man wird mich ja früher oder später holen, und ich will nicht fliehen, sondern zurückkehren. Aber Sie — je weiter Rußland hinter Ihnen liegt, um so glücklicher werden Sie sein. An Ihrer Stelle hätte ich längst durch irgendeine plausible Unvorsichtigkeit das Holzschloß des Gouverneurs in Brand gesteckt und alle Welt in den Glauben gewiegt, ich sei verkohlt und verbrannt. Indessen lebte ich im fernen Halle wieder im eigensten Element oder hätte den tollkühnen Versuch mit einem raschen Tode in irgendeinem Steppenwinkel oder Morast bezahlt. Dies oder irgend etwas anderes würde ich getan haben..."

Diese leicht hingesprochene, gleichsam akademische Erörterung einer Möglichkeit drang, ohne daß es Herr Ludolf August ahnte, wie ein ätzendes und um sich fressendes Gift in die Seele des verbitterten Magisters ein, obwohl er äußerlich nichts als ein Hohnlachen zur Antwort hatte.

Eine Zeitlang wurde von da ab das Persönliche bei den Zusammenkünften der unfreiwilligen Einsiedler beiseitegestellt und durch allgemeine philosophische Diskurse ersetzt. Herr von Bismarck hatte während der Diplomatenzeit in Eng-

land dieselben Menschen, die Jordan aus tief=
sinnigen Büchern als Philosophen verehrte, als
lebensgewandte Staatsmänner kennen gelernt,
und nun fanden beide ihren Gefallen daran, die
zwei scheinbar getrennten Einseitigkeiten zu einer
ganzen und lebendigen Menschlichkeit zu kom=
ponieren. Und schließlich schlichteten sie ihren
Streit über die menschenwürdigste Lebensform da=
hin, daß der handelnde Denker, wie er sich in
jenen Engländern verkörperte, unbestritten die
Krone davontrage. Dagegen erhob sich ein neuer
Zwiespalt, indem Jordan im ganzen die Philoso=
pheme der Engländer über den Staat und die
Lehre von der natürlichen Trennung der Gewal=
ten überschwenglich guthieß, während Bismarck
sich auf einen patriarchalischen Herrenstandpunkt
stellte und die Rechte der Masse wie ihre innere
Berechtigung spöttisch persiflierte.

An solchen Disputen fand der gestürzte
Staatsmann ein immer wachsendes Gefallen und
sprach immer öfter und ernsthafter von der Ab=
sicht, sich künftig mehr und mehr von der Welt
auf sich selbst zurückzuziehen und statt des lärmen=
den Agierens auf offenem Markt ein beschau=
liches Dasein in den eigenen vier Pfählen zu be=
gründen. Ja, bisweilen glaubte er, dazu fest und
unerschütterlich entschlossen zu sein.

Als er dieser Stimmung wieder einmal nach=
drücklich Worte lieh, spottete Jordan: „Nun, viel=

leicht sehe ich Sie noch einmal als kritzelnden Schüler in Halle vor meinem Katheder sitzen!"

Aber Herr Ludolf August parierte: "Nicht doch, mein Herr! Vielmehr werden Sie, wenn ich aus der Schule des Lebens in die Schulstube der Professoren gewandert bin, schnauzbärtig und säbelrasselnd das einzig lebenswürdige Dasein eines preußischen Korporals führen!"

"Der Umweg wäre für mich nicht weiter als für Sie! Wenn Sie nach akademischen Graden lüstet, warum haben Sie den Staub Preußens von Ihren Füßen geschüttelt und sind ein Fürst der Analphabeten und Barbaren geworden?"

Diese leicht hingeworfene Stichelei Jordans tat auf Herrn Ludolf August eine merkwürdige Wirkung. Er stand verletzt und mit leicht erblaßtem Gesicht auf und war eben im Begriff, mit einem schneidenden Wort die Distanz zwischen dem preußischen Adelsherrn und dem kleinen Magister herzustellen, als er sich noch rechtzeitig daran erinnerte, daß Jordan ja, ohne es zu wissen, indiskret an diese verschollenen und schnöden Dinge rührte. Diese Besinnung bog die Schneide seiner Worte um, und er sagte nachdenklich:

"Mein Herr, wir nehmen uns hier alle in diesem Zwischenakt unseres Lebens mehr gegeneinander heraus, als wir es unter anderen Umständen tun würden. Widersprechen Sie bitte nicht! Wir erlauben uns ja auch selbst hier mehr gegen uns als sonst in unserem Leben. Ich selbst habe mir's lange Jahre hindurch nicht gestattet, mich an die Dinge zu erinnern, an die Ihre letzte Frage rührte. Aber seit ich hier kaltgestellt und gleichsam auf meine nackte Menschlichkeit beschränkt bin, habe ich mir diese peinliche Freiheit gegen mich selbst schon des öfteren genommen. Und deshalb will ich Ihnen ganz ruhig Antwort geben, wie mir selbst.

Ich habe meine Heimat wegen einer Affäre verlassen, die jeder beurteilen mag, wie er will. Ich habe einmal als preußischer Oberst in aufbrausendem Jähzorn einen Bedienten niedergestochen und bin desertiert. Brauchen Sie immerhin die groben Worte Totschläger und Deserteur! Es wird nicht ungerechter sein als die Sprache meiner Freunde, die stets nur von dem mir widerfahrenen Unglück zu reden wußten. Diese Interpretation meiner Freunde hat mich einst beim König so weit rehabilitiert, daß er mich ungekränkt in meinem Range beließ. Erst als er mich dreimal im Avancement überging, quittierte ich selbst den Dienst und suchte das tätige Leben, wo ich es fand. Dieser Punkt meines Lebens war durch lange Jahre hindurch vergessen, erst hier habe ich mich zuweilen daran erinnert. Aber -- denken Sie darüber, wie Sie wollen — ich habe der Versuchung, in meinem Absturz etwas wie eine Sühne und Buße verjährter Blutschuld zu sehen, widerstanden, dazu habe ich, wie Sie sich einmal ausgedrückt haben, das Leben zu lange in kolossalischem Maßstab gelebt und zuviel menschliche Hekatomben schuldlos und, was gräßlicher ist, grundlos verbluten sehen. Immerhin ist der Mensch, von dem ich sprach, der Tote, den ich am wenigsten gern beschworen sehe. Die demütigendste Erinnerung für uns aber ist gewöhnlich nicht ein Verbrechen, sondern ein Dummerjungenstreich in reifen Jahren."

Die Mienen des Sprechenden hatten sich mehr und mehr durchkältet, und das vieldeutige Liniengerinnsel um Augen und Mundwinkel hatte sich in ein paar straffe Furchen verloren. Seine Haltung war ungewollt abweisend geworden. Der Magister stammelte denn auch verlegen eine Entschuldigung und empfahl sich bald mit einer steifen Verbeugung.

Eine Zeitlang vermieden beide unwillkürlich ein erneutes Zusammentreffen. Aber in seinen Gedanken verkehrte Jordan mehr als je mit der imponierenden Gestalt Ludolf Augusts. Gerade die halbverschollene rasche Bluttat umstrahlte den herrischen Mann in des Magisters Augen mit einer neuen Aureole. Mehr noch vielleicht wirkte auf ihn die Art, in der er davon gesprochen hatte, diese unnahbare Geste, die weder frivol noch demütig war, sondern von einer resigniert-stolzen

Menschenverachtung sprach, die den Täter und sein Opfer mit einer beinahe versöhnenden Gleichmäßigkeit überschattete.

Zugleich aber hatte diese herrische Einschätzung des Lebens noch eine zweite Wirkung auf Jordan. Die souveräne und kalte Ruhe, mit der der andere eine maßlose Tat besprach, ließ ihn das Unerhörte, das er selbst plante, jetzt als etwas beinahe Selbstverständliches erscheinen. Dieser Plan baute auf dem unbedacht hingestreuten Wort Ludolf Augusts von der Fluchtmöglichkeit durch Brandstiftung und Betrug.

Der Gedanke hielt ihn, seit er ausgesprochen war, faszinierend in Bann, und er spielte in Tagen und Nächten mit ihm wie mit einem heimlich unter dem Kleide verborgenen Dolch. Bisher hatte der Plan für ihn einen Punkt gehabt, vor dem seine verwegensten Absichten und seine fieberhafteste Entschlußfreudigkeit immer wieder zurückgeschaudert war: Ging das Schloß des Gouverneurs in Flammen auf, so konnten Menschen in Rauch und Feuer elend umkommen. Diese Möglichkeit war wie ein blutiger Nebel, der sich immer wieder zwischen Plan und Entschluß schob. Seit seinem letzten Gespräch mit Bismarck wagte er, auch durch diesen Schleier hindurch seinen gewalttätigen Plan zu betrachten . . .

Inzwischen waren ein paar siedend heiße

Sommertage gekommen, wie sie auch sonst in dem nur mit den äußersten Extremen vertrauten Klima der westsibirischen Tiefebene nichts Seltenes sind. Die dörrende Glut des Tages machte jede Bewegung bei Tage nahezu unmöglich, und erst die Nächte brachten einen erlösenden Anhauch von Kälte.

In einer dieser Nächte trafen sich die beiden Verbannten wieder einmal. Zufällig hatten beide die Erlaubnis zu einem nächtlichen Bade im Irtisch nachgesucht und erhalten. Nun promenierten sie angenehm ermüdet am Ufer des Flusses und führten eine schleppende Unterhaltung über gleichgültige Dinge.

Mit einem Male wies Bismarck betroffen auf eine seltsame Erscheinung. Das Mondlicht übergoß eine Rotte armseliger Menschen in grauen Kitteln, die jenseits des Flusses lautlos und tiefgebückt auf den Feldern huschten und hantierten. „Was treibt das lichtscheue Gesindel dort drüben für einen seltsamen Nachtspuk? Sehen Sie nur! Sieht es nicht aus wie Kirchhofgespenster?"

Aber Jordan, für den die Eintönigkeit des sibirischen Lebens keine Sensation mehr hatte, gab gleichmütig zurück: „Sie werden dies Bild noch öfter sehen, wenn Sie länger hier bleiben. Es sind Bauern, die die Gluthitze des Tages zwingt, ihr Feld bei Nacht zu bestellen. Kommen Sie doch!" Und mit auffälliger Ungeduld suchte er seinen Begleiter von der Stelle zu bringen.

Doch Herr Ludolf August war in seiner beschaulichen Laune. "Bauern —? Das heißt also vielleicht verschollene oder verbauerte Kinder und Enkel verbannter Fürsten. Da haben Sie wieder eine dunkle Seite des Lebens. Was wissen wir von dem Dasein dieser Menschen, und was wissen sie von dem unseren? Und vielleicht ist ihre armselige Lebensform die einzige, die durch Generationen beharrt, während uns der ewige Wechsel umtreibt. Und warum nenne ich ihr dumpfes Dasein armselig? Was tun wir alle anders, als daß wir eine Nacht lang den Schlaf der Mutter Erde mit unseren Torheiten stören? Und wenn wir hierzubleiben verdammt sind, so führen vielleicht schon unsere Kinder und Enkel nächtlich den Pflug im Mondschein, um ihre Notdurft zu befriedigen, und wer weiß, welche menschlichen Masken alsdann an unserer Stelle stehen und sie begaffen!"

Die lächelnde Resignation dieser Worte brachte jäh die exaltierte Spannung, in der sich der Magister befand, zur Entladung. Er ballte die Fäuste und schrie, dicht vor den betroffenen Begleiter hintretend: "Das wird nie geschehen, mein Herr! Damit Sie es wissen — nie! nie! nie!" Und er machte, ohne sich weiter um den

Verdutzten zu kümmern, auf dem Absatz kehrt und schritt stürmisch nach Tobolsk zurück.

Nun stand der Entschluß bei ihm fest. Heute nacht würde das Schloß des Gouverneurs in Flammen stehen.

Alle äußeren Umstände waren günstig. Die erschöpfende Hitze würde selbst im Falle eines Verdachts eine nachdrückliche Verfolgung verhindern. Seit einer langen Reihe von Tagen hatte er schon allabendlich den Abfall der Talgsiedereien, deren es viele in der Stadt gab, in kleinen Portionen eingeschleppt und in allen Winkeln und Ritzen seines kleinen Gelasses versteckt. Das gab eine rasche und heiße Flamme, die gierig um sich fraß.

In instinktivem Widerstreben gegen die Unwiderruflichkeit der einmal begangenen Tat hatte er den Entschluß von Tag zu Tag verschoben und sich mit immer neuen Vorwänden gegen sich selbst verteidigt. Dieses Spielen mit dem Feuer hatte ihn allmählich vom Wirbel bis zur Zehe mit einer zitternden Erregung erfüllt. Der Spaziergang im Mondschein mit den seltsam nervenaufpeitschenden, lässigen Worten Bismarcks führte die Krise seines inneren Fiebers herbei. Er fühlte, heute nacht mußte es geschehen, heute oder nie!

Herzklopfend wachte er Mitternacht heran und hörte gleichsam die Sekunden tropfen, die ihn von der Tat trennten. Sie tropften wie heißes Blei und erregten zuckenden Schmerz.

Das ganze Haus schlief. Aber jedes Knacken in der Verschalung der Wände und in den Deckenbalken traf ihn wie ein Peitschenhieb, daß er im Innersten zusammenfuhr.

Der Mond flutete breit durchs Fenster, und sein fahles Licht regte ihn körperlich auf. Wie Diebswerkzeug lagen Feuerstein und Zündschwamm in dem mondhellen Geviert der Holzdiele.

Er schob beides aus dem Licht in den Schatten. Aber der Mond wanderte nach und grub das verholene Gerät wieder aus dem Dunkel .... Mit erregt aufgerissenen Augen verfolgte der Magister das gleichgültige Spiel der toten Dinge ...

Und dann mit einem Male packte ihn schüttelnd das Grausen vor seiner Tat. Er hatte den Moment zum Handeln verpaßt, und der Paroxismus, der die Tat hätte gebären können, schlug in Erschöpfung um. Noch im Augenblick zuvor, als die Aufregung in seinen Nerven zitterte, trennte ihn nur ein Gran von der ihm wesensfremden Tat, jetzt aber, wo die schweißtreibende innere Hitze ihn plötzlich verließ und einem jähen Kältegefühl wich, war es zu spät.

Er brach körperlich zusammen.

Zuerst wußte er selbst nicht deutlich, daß seine

Natur den Moment zum Handeln unwiderruflich
verpaßt hatte, sondern spürte nur ein wildes, angstvolles Grauen, als wäre das Entsetzensvollste
längst geschehen. Blutige und schauerliche Visi-
onen zuckten durch seine fiebernde Phantasie.
Flammen spritzten auf, erstickender Qualm drang
lautlos in die Zimmer von Frauen und Kindern,
niederstürzende Balken zerschmetterten Herrn
von Bismarcks Haupt, gellendes Hilfegeschrei
quoll aus dichten Schwaden von Rauch, und ein
blutiger Nebel deckte wogend unausdenkbare
Greuel . . .

Er warf sich auf sein Lager und ließ sich
widerstandslos vom Grauen bis ins innerste Mark
beuteln.

Als der Morgen aufdämmerte, war die auf-
gepeitschte Energie des kleinen Magisters von den
eingebildeten Flammen verzehrt. Er sah sich verraten und verloren. Es erschien ihm unmöglich,
die aufgespeicherten Talgmengen ohne Aufsehen
wieder beiseite zu schaffen. Es folterte ihn die
Angst, der Bauer, dem er das Feuerzeug abge-
handelt, könnte plötzlich seinen schauerlichen An-
schlag ahnen und den verräterischen Handel dem
Gouverneur aufdecken. Er glaubte die hastenden
Schritte des Mannes auf dem Vorplatz zu hören.
Die qualvolle Ahnung wurde Gewißheit. Körperlich greifbar sah er Richtblock und Peinstube vor
sich . . .

Da plötzlich wurde seine Tür von außen aufgedrückt, und Gotthold Jordan brach mit einem gellenden Aufschrei vor dem Vizegouverneur zusammen.

Der Zufall hatte gewollt, daß eins seiner Söhnchen in der Frühe von einem plötzlichen Unwohlsein befallen worden war, und der besorgte Vater kam, um sich bei dem gelehrten Magister wie gewöhnlich Rat zu holen. Mit jähem Entsetzen erst, dann mit innerem Lächeln hörte er nun die stotternde und stammelnde Beichte ungeschehener Dinge, mit der Jordan sich von dem ihn umklammernden Grauen befreite.

Die fassungslose Zerknirschung des Mannes amüsierte den kleinen Despoten, weil sie seiner Allmacht schmeichelte. Es war ein Glück, daß er in seiner lächelnden Überlegenheit nicht ahnte, wie nahe das große Kind trotz allem der Ausführung seines tollen Vorhabens gewesen war . . .

Am selben Nachmittag kam kaiserliche Botschaft an den Vizegouverneur, daß Herr von Bismarck auf Verwendung des Fürsten Lynar, sächsisch-polnischen Gesandten am Hofe zu Petersburg, in Freiheit zu setzen sei. Gleichzeitig wurde dem Begnadigten Mitteilung, daß er von Stunde an wieder in den Genuß seiner Orden und Ämter träte.

Als der Vizegouverneur Herrn Ludolf August

glückwünschend diese Schicksalswendung eröffnete, konnte er nicht unterlassen, einen bescheidenen Vorwurf wegen der Rolle laut werden zu lassen, die Herr von Bismarck in den Gedankensünden des kleinen Magisters gespielt hatte.

„Mein Gott," antwortete dieser leichthin, „ich wußte doch, daß für passive Naturen, wie die unseres Jordan ist, vom Gedanken zum Entschluß eine Kluft gähnt, die niemals übersprungen wird. Der kleine Magister ist ein Träumer. Warum sollte er nicht einmal träumen, daß er handelnd in das Leben eingriffe, das ihn sonst nur vergewaltigt? Im übrigen war mein Wort, das ihn aufreizte, auf solche groteske Wirkung nicht abgezielt. Aber wie ein Schläfer, dem Sie die Haut ritzen, von Schlachtstürmen oder Folterbütteln träumt, so wurde auch für unseren Träumer der leise Anhauch eines unbedachten Wortes zum tobenden Sturm. Was wollen Sie mehr? Er ist von selber erwacht und wird sich künftig selbst vor Träumen scheuen, wie bisher nur vor Taten! Je näher er dem Medusenantlitz der Tat war, um so mehr ist er zukünftig vor ähnlicher Versuchung gefeit."

Die beiden Männer schüttelten sich lächelnd die Hände. In der Tür wandte sich Herr von Bismarck noch einmal um. „Übrigens, Sie haben den Ärmsten doch wohl nicht für seine Traumschuld bestraft?"

Der Gouverneur zuckte leicht die Achseln. „Ich glaubte ihm wenigstens ein drohendes Exempel zeigen zu müssen. Und da sich gerade ein paar Individuen die Knute verdient hatten, ließ ich ihn der Exekution beiwohnen. Es war auf eine Einschüchterung abgesehen. Hätte ich geahnt, daß das Seelchen dem Anblick so wenig gewachsen war, so hätte ich ihm die Erschütterung erspart. Er fiel eher in Ohnmacht als die Kerls unter der Peitsche und liegt jetzt in gleichsam lethargischer Erschöpfung zu Bett."

Herr Ludolf August sah den kleinen Tyrannen sekundenlang stumm an, und seine lange Oberlippe zog sich noch etwas tiefer herab.

Als er dann ein paar Tage später von seinem armen Leidensgefährten Abschied nahm, erwartete ihn eine kleine Überraschung. Der Magister hatte sich inzwischen so weit erholt, daß er sich selbst und sein tragikomisches Geschick zu belächeln vermochte. Er überreichte mit einer freilich halb wehen und müden Heiterkeit dem scheidenden Freunde als ein kleines Andenken die farbig ausgeführte Skizze der Kinder unter dem Baum mit der Erkenntnisfrucht. Das Bildchen, das sonst die Rötelzeichnung Zug für Zug mit peinlicher Treue wiedergab, wich in ein paar scheinbar gleichgültigen und zufälligen Dingen davon ab. Das Gesicht des unmündigen Knaben zeigte deutlich die weichen Züge Jordans, die leise karikierend ins Kindliche überſetzt waren, und in der Hand hielt der Kleine gleichſam abſichtlos ein zerſplittertes Holzſchwertlein.

Herr von Bismarck war mit der Sprache ſeiner Zeit vertraut genug, um mit geſchulter Kombinationsgabe den verſteckten Beziehungen in den maleriſchen Kompoſitionen nachzuſpüren, und witterte beim erſten Blick die Selbſtironie des Malers aus ſeinem Werkchen heraus. Er drückte dem Magiſter nach ein paar herzlichen Worten lächelnd die Hand.

„Ja, ja," ſagte dieſer, „ich wollte eigentlich, den Scherz vollſtändig zu machen, dem anderen Kinde Ihre Züge leihen und ihm eine philoſophiſche Schriftrolle in die Hand geben, an der das Feuer hinaufleckt — aber, Sie ſehen, das andere Kind iſt ein Mädchen, und überdies iſt Ihr Geſicht nicht wie mein eigenes zur Übertragung ins Kindliche geeignet . . ."

„Und drittens," vervollſtändigte Herr Ludolf Auguſt, „wäre das eine Allegorie geweſen, der ich als unwahr meinen Beifall verſagen müßte. Meine Philoſophie, oder was Sie ſonſt mit Ihrer anzüglichen Schriftrolle hätten ſymboliſieren mögen, wird nicht ein raſcher Raub der gierig aufflackernden Lebensluſt werden . . ."

„So gedenken Sie", unterbrach Jordan mit einer leichten, ſüffiſanten Verneigung, „wahrhaftig als Anachoret künftig ein beſchauliches

Leben fern vom Markte der Eitelkeiten zu führen, mein Herr?"

Herr Ludolf August blickte offen auf und antwortete dann mit nachdrücklicher Ernsthaftigkeit: „Nein, darin haben Sie recht, jetzt, wo das tätige Leben um mich wirbt, folge ich seiner Lockung ohne viel Überlegen, einem inneren Gesetz meiner Natur gehorchend. Aber muß ich darum meine Träume verachten? Ich folge, wenn Sie es denn auf eine Formel gebracht sehen wollen, mehr der Versuchung als der Überzeugung, und gemeiniglich pflegen wir die Dinge und Absichten, von denen uns die Verführung abzieht, nicht zu verachten, sondern eher scheu und neidisch zu verehren."

„Lassen Sie es gut sein!" lächelte Jordan. „Ich gestehe, daß ich der glattzüngigen Überredungskunst Ihrer Diplomatensprache nicht gewachsen bin."

Aber Herr Ludolf August behielt seinen eifrigen Ernst bei. „Außerdem hoffe ich doch, einen Teil Ihrer boshaft symbolischen Schriftrolle in das künftige Leben mit hinüberzunehmen. Kann ich mir auch nicht schmeicheln, jemals das von uns beiden gepriesene Ideal der englischen Allongeperücken vom Schlage des Herrn Locke zu erreichen, so hat mich ihm doch der sibirische Zwangskursus der Philosophie nähergebracht. Früher bin ich mir selbst immer zu sehr Hauptsache im Leben gewesen. Hier draußen hat sich mein Respekt vor mir stark gemindert. Ich bin frei gegen mich selbst geworden in dieser Zeit äußerer Gefangenschaft. Einen Teil dieser Freiheit hoffe ich mir in die künftige Unfreiheit oder Aktivität hinüberzuretten. Um ein Beispiel zu nennen, so werde ich, wenn ich doch noch einmal in Versuchung kommen sollte, Dinge, Menschen und Lebensziele zu überschätzen, mich an die Symbolik der in Nacht und Vergessenheit pflügenden Verbannten erinnern, deren Väter und Großväter einst Perücke und Seidenstrumpf trugen und in dem leisen Klirren goldener Ordenssterne die Sphärenmusik ewigen Lebens zu hören glaubten."

"Ja, ja," kopfnickte Jordan, "wir haben beide ein Weilchen unsere Rollen vertauscht, aber den Gewinn daraus ziehen doch nur Sie. Wir haben hier beide die uns bisher handlichen Lebenswaffen für einen Augenblick von uns geworfen, Sie das Schwert der Tat und ich den Panzer der Reflexion. Nun greifen Sie wieder zum Schwerte, ohne den Panzer abzugürten. Ich selbst aber habe nur gelernt, daß mir das Schwert zu schwer ist."

"Nun, so haben Sie wenigstens", erinnerte Bismarck, "eine Täuschung über Ihr eigenstes Wesen als Trugbild entlarvt. Dieser Irrtum, der Ihnen vorgaukelte, Sie könnten ebensogut ein tätiges wie ein beschauliches Leben führen, war für Sie doch wohl eine Hemmung, die Sie auch noch zu innerer Untätigkeit verdammte und dadurch zu sinnloser äußerer Tätigkeit aufreizte. Nun ist das Hemmnis überwunden, und durch den Antrieb einer heilsamen Resignation kommt der Mechanismus Ihres eigensten Wesens wieder in gedeihlichen Gang."

„Zu profunden Produktionen aus dem Nichts", unterbrach Jordan lachend. „Aber Sie haben wohl recht. Ich werde mich künftig wieder an den Seifenblasen der Gelehrsamkeit freuen können, ohne Kanonenkugeln dafür eintauschen zu wollen."

So sprachen beide noch eine lange Weile hin und her, und die anfänglich etwas wehleidige und verlegene Heiterkeit Jordans verwandelte sich nach und nach in eine angeregtere und zuversichtliche Stimmung. Als aber Herr Ludolf August am Ende der Unterhaltung mit Herzlichkeit versicherte, er werde sich in Petersburg für seine Freilassung und Begnadigung verwenden, preßte der kleine Magister in unwillkürlicher Angst vor der Erregung neuer Machinationen den Arm des scheidenden Leidensgenossen und rief heftig: „Nein, nein, lassen Sie mich, wo ich bin! Ich fürchte mich vor der Welt."

So kehrte Herr Ludolf August einstweilen allein mit der Frucht des Erkenntnisbaumes in das Leben zurück. Noch in späten Jahren aber blickte der Großwürdenträger des Zarenreichs zuweilen lächelnd zu dem anspruchslosen Bilde, das immer einen Platz in seinen Salons fand, empor und fand in dem Kindergesicht des kleinen Magisters stets dasselbe weltfremde und ratlose Staunen über den gleißenden und funkelnden Strom des Lebens, der vor seinen Augen hinrauschte und die goldne Barke des Bismarckschen Glücks prahlend auf seinen launigen Wogen tanzen ließ, ohne sie zu verschlingen.

August Friedrich v. Bismarck und der Feldprediger vom Regiment Prinz Leopold.

Das Gastzimmer einer böhmischen Garküche in Chrudim war von fadem Fett- und Zwiebeldunst erkaltender Speisegerüche und den Ausströmungen schaler Bierneigen geschwängert.

In der verdorbenen Luft saßen zwei Männer. Der eine, der in der bunten Montur des Infanterieregiments Prinz Leopold steckte, hatte die Arme über den Tisch geworfen und sah stumpf aus geröteten Augen vor sich hin. Der andere im schwarzen Feldpredigerrock saß blaß und hager neben ihm und blickte unverwandt auf ihn nieder. Man konnte die unsteten Wellen einer großen und hilflosen Erregung durch seinen Körper beben sehen, bald ein nervöses Regen und Schieben in den Schultern, bald ein Stirnrunzeln, bald ein zuckendes Muskelspiel um Kinn und Lippen. Der Mund setzte zum Sprechen an und verstummte wieder. Endlich schob der Mann die blasse Hand über die rote, geballte Linke des Soldaten: „Komm ins Freie! Die Stickluft macht übel." Das gedunsene, verwüstete Gesicht des Angerufenen verzog sich zu einer widerspenstigen und höhnischen Grimasse.

In diesem Augenblick schmetterte ein blassender Windstoß, jäh wie ein Faustschlag gegen die Scheiben fahrend, eins der klappernden Fenster auf, daß die Scheiben klirrend an der Wand zerschellten und splitternd zu Boden prasselten. Herbe, frische Mailuft fegte wie eine jappende Meute hinterdrein, biß sich mit den zähen, faulen Dunstschwaden herum und zerrte sich in Fetzen ins Freie. Körniger Staub und Apfelblütenblätter wirbelten, wie von übermütiger Bubenhand durchs Fenster geworfen, über den Tisch, an dem die zwei Männer saßen.

Der Feldprediger hob den Kopf und witterte mit geweiteten Nüstern nach der herben Frische, die ihn mit einem Male wohltätig umspülte. Die kranke Stubenfarbe seines Gesichts änderte sich nicht, nur die blassen Lippen röteten sich von dem Anhauch befreienden Lebens, und gerade diese leise Veränderung in dem müden Gesicht hatte etwas unendlich Rührendes.

Der Soldat schlug eine polternde Lache auf und zeigte mit einer schleudernden Bewegung des Arms hinter einem Meislein her, das der Windstoß durchs Fenster geworfen hatte und das in ängstlichem und hilflos taumelnden Zickzackflug einen Ausweg suchte.

„Meine Seele! Meine Seele! Da sieh, da schickt dir der Hohnteufel ein Bild meines Inwendigen! So ist's: eine Seele, die sich in einen Menschenleib verirrt hat wie ein Vogel in ein dunstiges Zimmer und gegen die Wände flattert und sich zu Tode stößt!"

Der andere stand wortlos auf. Sein langer Arm fuhr mit einer ruhigen, weitausholenden Bewegung an der gekalkten Decke entlang und haschte die verängstigte Meise mit sachtem und doch sicherem Griff. Er trug das warme, pulsierende Bröselein Leben in seiner kühlen Hand zum offenen Fenster und entließ das Geborgene aus der Haft. Hinter seinem Rücken hörte er ein Ächzen.

„Mir, Bruder! mir zeig einen Weg ins Leben! Mein Gott, wieviel Menschen hast du den Weg in den Tod gezeigt! Weißt du denn keinen ins Leben? Kannst du nur Vögeln ins Freie helfen?"

Der Blasse wandte sich um und beugte sich über den Zusammengesunkenen. „Thomas, du lässest dich ja nicht greifen und bergen wie das verflogene Tierlein! Mit einer Hand bin ich ihm gefolgt, hinter dir aber ist all mein Sein her seit Jahren, dich zu retten. Du weißt es. Für wen hab' ich die märkische Pfarre verlassen? Für wen trag' ich den Rock der landfahrenden Barmherzigkeit? Für wen erdulde ich das ganze

Grauen dieser blutigen Tage, als für dich? Ließest du dich greifen!"

„Ja," stöhnte der Soldat leiser, „hilf ihr doch, dieser irren, flatternden Seele! Aber hier hinein," — er schlug sich die Faust auf die Brust — „hier hinein greift deine Hand nicht. Das ist eine Höhle ohne Fenster. Gott weiß, wie eine Seele hineingekommen! Hier drinnen ist Stickluft, die kein Sturm ausfegt, er risse denn die Wände ein! Hier drin, o Gott, dieser muffige Dunst, der meine Lebensluft ist, dieser unauflösliche Höllenbrodem von Fusel, Kommißbrot, Putzschmirgel, Seife, Schuhwachs, Puder, Kreide, Öl! Lebensluft! Lebensluft! Eine Lauge alles Lebensekels, ein Auszug aller abgeschmackten und schalen Widerwärtigkeiten ist in mir!"

„Hast du mich nicht abgeschüttelt wie ein Ungeziefer, als du das Traktament nahmst? Bist du nicht sehenden Auges ins Verderben gerannt?"

„Ja, wahrhaftig, nüchtern! Sag doch nüchtern! Freilich, ich war nicht toll und vollgetrunken wie die Narren, die sich den preußischen Werbern für ein Sechsgroschenstück verkaufen, wenn es nur aus Branntwein geprägt ist. Ich war nüchtern! Nur daß ich mich als Student in Halle, angewidert von dem Strohschobergeruch der Universitäten, schon zuvor um den Verstand getrunken und alle fadenscheinige Energie vergeudet hatte! Nur daß ich wie ein toller Hund hinter dem Leben hergelaufen war, bis ich mir die Lunge zuschanden gerannt hatte! Und immer ins Leere gebissen! Nur daß ich zuvor wie ein Narr als Komödiant mit einer Bettelgesellschaft landauf, landab gezogen war und abgedroschene Rollen heruntergeleiert hatte! Nur daß ich im Seifenschaum des Lebens bis zur Albernheit herumgepatscht hatte! Oh, ich war so nüchtern, als ich dem Kalbfell folgte!"

Plötzlich schlug das lärmende Schelten des Haltlosen in eine höhnische, salbungsvolle Heiterkeit um: „Ich war ja so reich, als ich den Bettel der preußischen Werber auflas! Ich stak berstend voll von Fähigkeiten! Laß sehen, ob ich Finger genug habe, sie herzuzählen: Lesen, Schreiben, Rechnen — das gab einen vortrefflichen Schulmeister! Französisch, Latein, Griechisch, Hebräisch — das Zeug zu einem Magister und Professor! Dazu eine Suada, wie sie ein Pastor braucht oder ein Komödiant! Fünf Beweise für das Dasein Gottes haben mich der Wolff in Halle und andere Schaumschläger gelehrt — ist's meine Schuld, daß ich keinen Gott habe? Eine Sagazität des Geistes, so scharf, daß sie sich selber zerfraß, wie allzu scharfe Beize sich selbst zersetzt! Ein grausam feines Gefühl für die Hohlheit aller etikettierten Flaschen und gespundeten Fässer! Einen angeborenen Abscheu gegen die Seele der bürgerlichen Lebensordnung, den

Stumpfsinn und die Langeweile! Einen genialen Hang zu dem liederlichen Lachen feiler Dirnen und dem Gröhlen trunkener Zechkumpane! Und als Tempel all meiner Talente und Laster eine fade, taube Zeit! Hinreißende Vorbilder: vernünftelnde Professoren, die gackernd über Windeiern sitzen und Monaden ausbrüten! Tugendreiche Poeten, randvoll von wabensüßen Plattheiten! Oh, ich war das reiche Kind einer reichen Zeit...!"

"Hör auf!" schrie der andere.

"Plötzlich ersteht auf diesem Müllhaufen faulender Langweiligkeiten ein neuer Cäsar! Fridericus divus! Ein Kriegsgott, der sogar schon eine Schlacht gewonnen! Ist es widernatürlich, daß ich nach der letzten Schale griff, die zu schlürfen blieb? Alle Welt war trunken von dem neuen Wein. Ist es meine Schuld, daß ich auch ihn kahnig und matt fand? Taten! Taten! schrillte man mir ins Ohr. Taten! Taten! gröhlte ich nach und faßte bebend vor verwilderter Hoffnung einen Goldzipfel der zerschossenen Fahnen, die man über zusammengetriebenen blutjungen Rekruten und Landstreichern schwang. Als ich mir die neuen Kameraden besah, kam die erste Ernüchterung. Der Schwadroneur, der uns den Fahneneid schwören ließ, faselte von Vaterland! Ich sah zur Seite und erblickte ein paar Schweizerbuben, die man betrunken wie betäubte

Hammel über die Grenze gestohlen hatte. Ich hörte sie, vaterlandslose Lanzknechte, in den Berliner Garküchen den Kuhreihen vor blökendem Gesindel singen und heimlich von Desertieren flüstern! Ich sah, wie man ein paar Tiroler und Hessen, die sich auf Spreekähnen in leeren Bierfässern davongemacht hatten, Spießruten laufen ließ und achtmal die Gasse hinauf- und hinabjagte, daß ihnen das Fell über die Hosen hing wie ein besudeltes Badelaken! Taten! Taten! Hör zu, wie die Taten heißen: Fluchen, Karbatschen, Drillen, Zeugputzen, Marschieren, Exerzieren, Lamentieren, Kujonieren, Desertieren, Fuchteln! Helden! Helden! Freilich: prügelsüchtige Junker, Duckmäuser und verrenkte Gliederpuppen! Lebensluft, o Daseinsluft! Oh, dieses Leben, es ist eine Dreiersuppe aus Erdbirnen und Fusel, schal zum Erbrechen —!"

Der wüste Bursche sprang auf und schüttelte den Bruder an den Schultern. „Du, du! Der du anderen helfen willst! Bist du weniger hohl als ich, du abenteuernde Gottesgnade? Es gibt leere Formen, die zusammenstürzen, weil sie keinen Schwerpunkt haben, und es gibt leere Formen, die einen Schwerpunkt haben und stehen können. Das ist das Mirakel des Lebens. Klopf an dich, so spürst du, daß du hohl bist! Aber du klopfst nicht an, das ist dein Schwerpunkt. Brauch deinen Verstand wie ich, dir die Federn auszurupfen, und dann fliege! Die Federn sitzen dir nicht fester als mir. Zupfe nur! Da fliegt die eine, sie ist schön bunt und heißt Gott! Da fliegt eine andere, schillert papageienfarben, heißt ratio humana! Da, die dritte, heißt König und Vaterland! Da, die vierte, heißt Liebe! Da, die fünfte, heißt Wissenschaft — Zupfe nur, du fauler Narr, damit du etwas zu lachen hast!"

Er stieß den Bruder zurück und stolperte, die Tür hinter sich zuschmetternd, aus dem Zimmer.

Hans Seegebart, der Feldprediger, ließ sich müde in einem Winkel auf die Wandbank fallen und starrte vor sich hin. Der tobende Ausbruch des Halbverkommenen schmetterte ihn nieder. Was war aus dem glänzenden Geist des Bruders geworden, von dem Vater und Mutter das Höchste erwartet hatten! War er nur hinter ihm dreingezogen, um zu sehen, wie man ihn im böhmischen Sand in die Grube scharrte?

Er fühlte den Griff der Fäuste an seinen Schultern: „Zeig mir doch einen Weg ins Leben, der du so viele auf dem Wege zum Tode begleitest!" Sollte er auch dem Bruder nur den Weg zum Tode zeigen können? Ihn schauderte. Wieviel feiges verzweifeltes, oder zähneknirschendes Sterben hatte er gesehen, seit er vor ein paar Wochen die Truppen aus Berlin begleitet, um den Bruder zu retten! Und hatte noch keine Schlacht gesehen! Nur an Krankenbetten und bei den fürchterlichen Exekutionen, von denen der Bruder gesprochen, hatte er dem Tod ins Auge gesehen. Und hatte das Beben gelernt. Stand er noch fest genug, um einen anderen halten zu können? Er wußte es nicht. Waren Pflicht und Leben, Glaube und Tätigkeit noch feste und gute Selbstverständlichkeiten? ...

„Klopfe an, so spürst du, daß du hohl bist!" ...

Während der einsame Mann noch müde vor sich hin grübelte und verzagt in sich hineinhorchte, kam in die Fensterladen und schlechtgefugten Scheiben von neuem ein Klirren und Klappern, als schlüge der Mai Generalmarsch. Das stürmische Aufreißen der Stubentür verursachte eine schneidende Zugluft, deren jäher Druck dem Eindringling die Klinke aus der Hand riß und die Tür in den Rahmen zurückschmetterte, daß der Mörtel an der Verschalung niederschepperte.

„Hallo!" lachte der eintretende Enakssohn und machte mit seinem stämmigen Leibe behäbigbreitbeinig Front gegen die unsichtbare Kraft, die ihm die Tür so barsch aus der Hand gerissen.

Er trug den weißen, rot ausgeschlagenen Dragonerrock des Regiments Altschulenburg mit den Oberstenabzeichen, mächtige, gespornte Stulpstiefel und cremefarbene Lederhosen. Es war ein hochgewachsener, breitschultriger Mann mit mächtig gewölbtem Brustkorb und bärenhaften Gliedmaßen. Unter dem bordierten Dreispitz, der die Stirn fast bis zu den Brauen verdeckte, lachte ein muskulöses, derbgesundes Bauerngesicht, dessen klotzige Kraft durch die unbändig aus großen Blauaugen lodernde Flamme der Lebenslust und durch den vollen Schwung frischsinnlicher Lippen eine strotzende Lebendigkeit gewann.

Hinter dem kernhaft derben Riesen tauchten drei, vier Offiziere vom selben Regiment und zuletzt ein mehr als fünf Fuß hoch aufgeschossener, noch schmalschultriger Fähnrich vom de la Motteschen Infanterieregiment auf. Sein glattes, apfelfarbenes Kindergesicht stach lustig von den verwitterten und lederhäutigen Reitergesichtern ab, und unter den roten Aermelaufschlägen der Montur ragten ein paar grotesk große und hagere Hände hervor, die wie Pranken an dem überschlanken Leib saßen und verrieten, daß sich der junge Bär erst noch auswachsen wollte. Das magere Jünglingsgesicht glich dem des Dragoneroberften, so gut eine weiche Tuschzeichnung einem derben Holzschnitt zu gleichen vermag.

„Bravo, Bismarck!" lachte einer der Dragoner und zeigte auf die Scherbensaat am Boden. „Das bedeutet Glück!"

„Glück —?" gab der Angerufene fast übermütig zurück. „Brauch' ich noch mehr Glück, Below?" Er zog den schlanken Fähnrich mit einer ungefügen väterlichen Bewegung an sich heran. „Da, sieh her! Ein toller, alter Reiter, der das barsche Glück dieses herrlichen, königlichen Krieges gedoppelt — in den eigenen alten Knochen und in seinem verjüngten Fleisch und Blut — schmecken darf! Der mit vier Augen seinen unvergleichlichen König anstrahlen und sich für ihn mit vier Fäusten raufen darf! Gibt's ein überschäumenderes Glück? Aber, potz Most! Darauf eben wollten wir ja trinken. Wo schläft das Murmeltier von Böhmaken seine Mittagsfaulheit aus? Schmeiß den Halunken aus dem Bett, Below — ah, da ist ja der Musjeh!"

Hinter dem Schenktisch klappte eine Tür, und zwischen leeren Fässern arbeitete sich polternd der Wirt, ein plattnasiges Gelbgesicht mit einer Mähne derbsträhnigen Schwarzhaares, hervor.

„Tokaier! Schaff Er Tokaier, Schlafmütze!" rief der Oberst, und das Männchen verschwand lautlos und eilfertig, um mit Flaschen und Gläsern wieder aufzutauchen.

Die Offiziere schenkten sich ein und standen im Kreise um Herrn August Friedrich von Bismarck.

„Ja," lachte der, „da steht ihr herum und haltet Maulaffen feil! Und wahrhaftig, wir sind kein stummes Trinken gewöhnt! Säßen wir daheim im Standquartier zu Gollnow, so brächten wir die Gesundheit des Königs aus, wie wir's gewohnt sind. Wißt ihr noch, wie lustig es war, wenn bei unsern Friedensgelagen vom Musikantenchor die Gewehrsalven krachten und die Trompeter Tusch bliesen, daß alle Häuser des verlassenen Nestes wackelten? Nichts damit! Hier in Feindesland blasen und schießen wir keinen Trinksalut. Aber ohne einen zahmen Spruch wenigstens darf's nicht abgehen. Der Racker" — dabei schüttelte der mächtige Mann den Fähnrich herzhaft an den Schultern — „soll wissen, warum er heut' trinkt!

Herren, Herren! In ein paar Tagen haben wir die Bataille! Potz Wetter, oder ich kenne unsern Friedrich nicht. Berndt, Junge, es ist Order da, wir sollen in Eilmärschen nach Kutten=berg und die österreichischen Kutten waschen! Die faule Zeit in Chrudim hat ein Ende. Darum vivat Fridericus!"

„Vivat Fridericus!" donnerten die Offiziere und schmetterten die leeren Gläser durch die Fenster. Der Böhme setzte behend neue auf den Tisch.

In seinem Winkel saß, ohne sich zu rühren, der Feldprediger und blickte wie gebannt auf den Born unbändiger Lebenslust, der sprudelnd aus dem Boden gesprungen zu sein schien. Erst sah und hörte er mit gedankenloser Aufmerksamkeit, dann mit unwillkürlicher Bitterkeit. Januskopf, grübelte er, Januskopf der Zeit mit deinen zwei Gesichtern! Sind beide Trug? Beide Wahrheit? Oder welches von beiden ist ehrlich?

Dem sorgenerdrückten Manne war die wogende Lust wie ein hämisches Hohnlachen. Aber er vermochte sich im Bann einer willenlosen Neugier nicht loszureißen. Die Offiziere schienen ihm mit einem Male wie ein fremdes, wunderliches Volk, dessen tolle Bräuche und wilde Lustbarkeiten unser teilnahmloses Staunen aufregen...

Da klang wieder oder immer noch die dröhnende Bruststimme des Obersten Bismarck: „Ja, Glück, Below! Nun wissen wir doch, was Glück ist! Solange der faule Friede währte, wußten wir's nicht. Einen toten Mann hab' ich um sein Glück beneidet, dazumal als die Zeit still stand. Ich hatte einen Nachbarn. Ein stiernackiger, alter, weißhaariger Mann war's, der nicht Weib noch Kind besaß und dabei mit seinen siebzig Jahren so affenjung geblieben war, daß ihm nichts über Pirschen und Schießen ging. Wißt Ihr, wie er gestorben ist? Auf dem Anstand auf — hör zu, Below! — auf dem Anstand auf ein lumpiges Karnickel hat er sich so vom Jagdfieber beuteln lassen, daß ihn der Herzschlag ins Gras schmiß! So tölpeljung war dieser Glückspilz geblieben, daß seine verkalkten Adern von dem raschen Strom seines jungenhaften Blutes gesprengt wurden! Den Mann hab ich beneidet manchmal, wenn wir in Gollnow Gamaschendienst taten und Paradepferde striegelten. Denn ich war älter als er mit meinen vierzig Jahren und einer Hecke von Kindern. Aber jetzt, Höll' und Teufel, Berndt, jetzt bin ich sechzehnjähriger als du, wenn ich auch nicht so lümmelhaft schlottrige Glieder habe wie ein junger Hühnerhund."

Die Herren lachten.

"Das ist seit dem Tage von Rotschloß! Wie wir da, der Zieten und ich, an der Spitze von neunhundert Reitern, ein rauschendes, tosendes Geschwader von Menschen= und Pferdeleibern, die dreitausend Feinde in den Graben schwemmten, da hab' ich gelernt, was Glück ist!

Glück!

Berndt, Junge, in ein paar Tagen weißt du, was eine Schlacht ist! Wißt ihr, Herren, daß mir's der Racker übelnimmt, daß der König ihn wegen meines Rittes bei Rotschloß zum Fähnrich gemacht hat? Nicht das Maul hat er sich gewischt zum Dank, als ich ihn fragte, wie die neue Würde schmeckt. "Schon gut, Vater," hat er gesagt, "heut' muß ich mir's gefallen lassen, daß du für mich zahlst, aber komm' ich an den Feind, so sieh dich vor, daß der König dich nicht meinetwegen zum General macht! Was an mir liegt, so zahl' ich dir's heim, daß du für mich tapfer gewesen bist!"

Ein schallendes Gelächter brach aus.

„Junkerlein, Junkerlein!" gröhlte Below, Berndt von Bismarck auf den Rücken schlagend, „das war ein großes Wort! Aber du hast dir das Maul verbrannt. Unsere Gäule laufen schneller als die längsten Infanteriegamaschen. Wir sind doch des Königs liebste Kinder. Seine Grenadiere hat ihm der Herr Vater vererbt, aber uns Reiter hat er vom Scheitel bis zum Sporenrad selbst gemacht. Und deines Vaters Ritt von Rotschloß war sein erster Reitersieg. Darum liebt er sein Regiment Altschulenburg und alles, was einen Tropfen seines Blutes hat."

„Mach mir den Jungen nicht irre!" rief Bismarck. „In einer Schlacht ist nichts unmöglich. Eine Schlacht macht Tote und Lebendige, Götter und Teufel. In einer Schlacht ist alles Tun leicht wie ein sonniger Atemzug im Mai. Jeder Reiter und Grenadier ist ein Gott, wenn er nur will! Und ein Gott kann mehr als Generale erschaffen! Mach ihn nicht irr'!"

Die prächtigen Blauaugen des alten Reiters loderten in Daseinslust. „Generale —! Was ist ein General?! Menschen schaffen wir! Menschen schafft der Kampf aus dem Nichts! Was ist das vorher? Pandektenhengste, Federfuchser oder Landstreicher, Ackerknechte, Bauernlümmel und matte Seelen. Und dann mit einem Male: glänzende Augen, wogende Herzen, Jauchzen,

Daseinsluft, Todesdurst! Menschen, Menschen
sind mit einem Male geschaffen, Menschen, die
Gott schauen, den Gott, der in und über seinen
Geschöpfen ist! Sie schauen ihn, sie alle, die
armseligen Kreaturen schauen Gott, und er hat
die dreißigjährigen Adleraugen ihres Königs!
Was geht darüber?

Eine Schlacht, Berndt, ist die Welt, die
wieder ins Schöpfungschaos zurückgeschleudert
ist. Alles, alles wieder in Chaos aufgelöst —
alles, was du nennst und kennst: Weib, Kind,
Haus, Hof, du selbst, König und Vaterland, die
feste Erde, die Gestirne am Himmel, Sonnenlicht,
Farben und Menschenherzen, Fahnen, Gedanken und Gefühle — alles ein brodelndes
Chaos, aus dem das All oder das Nichts tauchen
kann! Und wir schaffen, schaffen alles, was
wir je besessen und nie gekannt haben, Sieg heißt
die Sonne, die auf eine neue Schöpfung lacht,
und die Welt, die neuerschaffene, in der dein
Blut kreist, ist jünger, schöner, reiner, taufrischer,
tiefer, lebendiger als je ein lebendiges, atmendes
Glück war! Der Blutdunst der schwertklirrenden
Schöpfungsstunde haucht dir fühlbar den lebendigen Atem Gottes ein...

Frauen freut es, im Spiel die Hand heil
durch eine Flamme zu führen, den Mann freut
es, den Leib heil durch die Schlachtbrunst zu
tragen — den Leib, das Leben und alles, was

er ist und hat und anbetet! Mit dem Schwert anzupochen an den Harnisch des Gegners, hinter dem das Leben sitzt oder der Tod! Wenn Mann und Weib sich in die Arme werfen, so steht zwischen ihnen in einem roten Nebel das Leben, wenn zwei Männer aufeinander zureiten, so steht zwischen ihnen in einem roten Nebel Gott selbst, der Herr über Leben und Tod, über Werden und Vergehen! Durch diesen Schöpfungsnebel zu reiten, daß der rote Tau uns auf Haut und Waffen perlt und trieft, das ist das höchste Glück, das wir kosten können. Wer's nicht begreift, ist nicht wert, es zu begreifen.

Und, Berndt, merke, Junge: es ist das einzige Glück, das einzige, das nie einem Unwürdigen je zuteil werden kann! Der Erbärmliche stirbt seinen Hundsfott=Tod an demselben Schwert, das den Glückswürdigen im lodernden Lebensrausch hinrafft. Ein Weib kann einen Schurken beglücken, das Schlachtglück speit ihn tot oder lebendig aus als ekel und unrein! Nichts und niemand ist so gerecht wie der Kampf: er gibt jedem das Glück, das er wert und fähig ist zu empfinden. Wo ist sonst Glück und Gerechtigkeit, die nicht feil wäre?

Volle Gläser, meine Herren Offiziere! Es lebe das große Glück, es lebe das schwertklirrende, glutatmende Glück, dem wir entgegenreiten!"

Die Gläser klirrten hart. Braungoldener

Wein ſpritzte über die Schwertfäuſte der Männer, die ſie feſt wie Degenknäufe umſpannten.

Draußen fegte und brauſte der Lenzſturm über die böhmiſche Erde. Oder waren es flatternde Fahnen? Oder war es die rauſchende Lebensflamme ſelbſt, deren Singen und Sauſen die Welt füllte?

Der Oberſt riß ſeinen ſechzehnjährigen Jungen zum Fenſter und reckte die Hand zum ſonnenüberſchäumten blauen Himmel, über den ſchimmerndweiße Wolkenmeuten hinjagten: „Berndt, mein Junge! Der Himmel gleißt von unſern Bismarckſchen Schildfarben! Mach ihm Ehre, der den Schild über dir hält! Und nun vorwärts!" . . .

Das Poltern der Offiziere auf den hölzernen Stiegen war verhallt. An den zerbrochenen Fenſtern rüttelte fort und fort der Sturm. Der Mann im Winkel regte ſich nicht. Er ſaß und ſtarrte nach der Tür, hinter der die Offiziere verſchwunden waren.

Er gab ſich keine Rechenſchaft über ſein Denken. Er dachte nicht. Er zergliederte nicht, er ließ ſich willenlos von der wilden, fremden, triebhaften Daſeinsluſt dieſer Männer, die den Kampf um des Kampfes willen lebten, betäuben und war, ohne zu grübeln, voll dumpfen, ſehnſüchtigen Staunens über die jähe Offenbarung überschäumender Naturkraft, die das schwere, lastend schwere Leben prahlend wie eine funkelnde Degenklinge meisterte...

Hans Seegebart saß vornübergebeugt, und es sah sich an, als horchte er ratlos und in kraftloser Sehnsucht auf den verrauschten Schwall lärmender Lust und stürmender Kraft, der wie ein unbändig schäumender Strom plötzlich vor ihm aus unbekannten Tiefen der Erde aufgesprudelt und wieder versunken war. So steht ein lebensmüder Mann an rauschender Flut, zu kraftlos, sich von ihr gesundbaden zu lassen, zu kräftig, um ohne Wunsch und Willen in ihr zu versinken.

Worte und Klänge geisterten um sein gebeugtes Haupt. Immer dieselben Worte, wenige, schwere Worte. Bald von satanischem Hohnlachen in Fetzen gerissen, bald wie heilige Fahnen prunkend und andächtig entfaltet. Gott... Kampf... Glück... der König... Bald scheuchte sie die lästernde Stimme des Bruders wie Fledermäuse aus dem Dunkel, bald warf sie die Stimme des Obersten wie jubelnde Lerchen in das abgründige Blau des Maihimmels.

Horch! Da höhnte die brüchige Stimme des Bruders: „Brauch deinen Verstand wie ich, dir die Federn auszurupfen, und dann fliege! Zupfe nur! Sieh! Da fliegt die erste, ist schön bunt und heißt Gott! Da, die zweite, heißt König und..." Aber während er den dünnen, kraftlosen Klängen nachhorchte, wandelten sie sich in volltöniges Orgelrauschen und trunkenes Posaunenjauchzen: „König und Kampfeslust! Es lebe das große Glück!" Gläser klirrten und Tokaier spritzte ...

Der Feldprediger wußte nicht, daß er selbst die wenigen Worte immer wieder wie ein Komödiant vor sich hin sprach. Gott ... Glück ... König ... Kampf ... Schal und abgestanden bis zum Ekel klang das. Gott! Glück! König! Kampf ...! Ein leidenschaftliches, markiges Dröhnen schwoll aus den Worten ...

Mit einem Male warf er lauschend den Kopf auf. Ein neuer Klang umschwebte ihn plötzlich. „Gott und der König." Das hatte nicht der Verkommene gesprochen und nicht der Dragoner. Wer sprach so? Das klang ernst, nüchtern, klar und ruhig wie das Mittagsgebet scharwerkender Männer. Demütige Kraft und verhaltene Innigkeit sprach daraus. Der Klang hinterließ auf den Lippen einen Nachgeschmack wie ehrliches, hausbackenes Bauernbrot. Er haschte den Klang wie einen entschwebenden Traum. Seine Lippen formten ihn. Sie formten ihn leicht und ohne Fehl: „Gott und der König." Es klang, wie wenn demütige Lippen einen Spruch von hölzerner Dorfkanzel ablesen. Und plötzlich empfand Hans Seegebart wie eine Offenbarung: So sprichst du selbst. Es war deine natürliche Stimme. Es ist der Klang, den du von dem Waisenvater in Halle gelernt hast. Sein Name will in demselben Ton gesprochen sein: August Hermann Francke. Altgewohnte, fromme Uebung spricht so, daß alle Worte klingen wie das eine hilfreiche, kleine, gute und aufrechte Wort Pflicht.

Hans Seegebart fühlte: der Klang gab ihm Halt. Er stand wieder sicher auf altvertrautem Grund. Eine fremde Flut hatte ihn von dort verschwemmt, eine fremde Flut hatte ihn wieder dahin zurückgeworfen. Aber das Herz war ihm schwer. Er war der gewonnenen Festigkeit sicher, doch ihrer nicht froh.

Er stand auf. Glasscherben und Sand knirschten unter seinen Stiefeln, während er zur Tür schritt. Durch die offenen Fenster schallten schmetternde Trompetensignale und Trommelwirbel, die zum Sammeln riefen. Der Sturm spielte mit zerrissenen Takten des Dessauermarsches. Kommandorufe durchdrangen hell und herrisch das lärmende Hasten vieler Menschen und das Getrappel der Pferdehufe.

Der fremde, wilde Strom, der seine Wellen in das Zimmer geworfen hatte, trieb rauschend dem fernen, mächtigen Katarakt entgegen, in dem er tosend in Dunst und Gischt zerschäumen würde, um in Nichts zu zerstäuben und neu geschaffen aus dem Chaos wieder hervorzutauchen. Tausend Schiffe und Barken trieben unaufhalt=

sam auf ihm, mit ihm dahin, dem Untergang, dem Chaos, der Wiedergeburt entgegen. Tausend wirre Rufe und Klänge schollen von der gleitenden Strombreite zu dem einsamen Manne herauf. Und er fühlte, es war Zeit, ins Boot zu springen und sich dem rätselvollen, schreckhaft nahen Ziele entgegentragen zu lassen. ...

— — — — — — — — — —

Nun trieb der menschliche Strom durch Stunden und Tage über die böhmische Heerstraße zwischen Brünn und Prag dahin, bald in stillem, majestätischem Gleiten, bald stockend, bald in wilden Strudeln sich überstürzend, Dörfer und Ackerbreiten überschwemmend. ...

Und dann staute sich die bunte, brausende Flut der Regimenter. Woge um Woge, Masse um Masse flutete in dem Kessel der Czirkwitzer Seen und Teiche zusammen, und es war ein Schwellen und Warten in großartiger, drohender Ruhe wie hinter der mächtigen Staumauer einer Talsperre.

Und es wurde Nacht und wieder Tag.

Und dann brach der Damm ...

Tosend und krachend brach die Flut der tausend Leiber über den Feind herein, der unter Fahnen und Waffen still und reglos stand wie ein finsterer Wald. Ein Heulen barst in den Lüften. Und ein Wogen kam in den Wald, als wühlte der Sturm durch seine starrenden Wipfel. . . .

Eine mächtige Woge flutete, breit und mächtig ausrollend, dem Strom vorauf: die friderizianische Reiterei. Und weißer, blendender, blutrot durchstreifter Gischt, über dem tausend Sonnenblitze sprühten, schäumte der Woge voraus . . . Das war das Dragonerregiment Altschulenburg im weißroten Tanzkleide. Im nackten Stahl der geschwungenen Pallasche jauchzte die Sonne, und aus blanken Augen spritzte die Weißglut loher Kampfesbrunst . . .

„Vivat Fridericus Rex!"

Der Sturm verschlang den Ruf. „Vivat Fridericus!" Da gellte er doch wieder wie Raubvogelgeschrei über der Sintflut, wieder und wieder. Und dort rauschte er ja, der königliche Vogel, von dem er kam, der Sonnenadler! Hoch und sieghaft schwebte er über der rot und weißen Flut, in der das brünstige Rot höher und höher stieg, als strömte es aus unterirdischen Tiefen unaufhaltsam, unstillbar zu . . .

Ein Gurgeln wie von Ertrinkenden, ein Krachen und Schmettern wie von berstenden Schiffen und stoßenden Trümmern, ein wilder, dämonischer Lärm wie Weltuntergangsdonner brach los über den strudelnden und tosenden Fluten . . . Jauchzen und Todesschrei, rollender Geschützdonner und knatternde Flintensalven,

Rosseschnauben und das donnernde Erbeben der
empörten Erdfeste, alles, alles schwoll zu einem
chaotischen Tosen zusammen, aus dem sich kein
erkennbarer Laut losringen konnte. Nur der
schrille Raubvogelschrei übergellte die entfesselte,
brodelnde Wut, der königliche Adlerschrei Vivat
Fridericus! Vivat Fridericus!

Da, dort schwebte er auf und stieß in den
Strudel nieder und schlug die blutigen Fänge
in zuckende Leiber ...

Woge um Woge rollte nach in den blut-
dünstenden Schaum. Regiment um Regiment ...

So sah der Feldprediger Seegebart die
Schlacht um Chotusitz entbrennen.

Er sah, hörte und fühlte alles, was um ihn
und vor ihm geschah. Aber mit einem Male sah
und hörte er nichts mehr. Die Flut schwoll
tobend über ihn hin und riß ihn vorwärts, eine
wesenlose Welle, ein treibendes Nichts. Es trug
ihn vorwärts und riß ihn zurück. Er wußte
nichts mehr von sich, und doch waren seine Augen
weit aufgerissen und loderten, seine Fäuste waren
geballt, und aus heiserer Kehle quoll ihm wie
den Tausenden der inbrünstige Schrei: Vivat
Fridericus! Er war einer unter Tausenden,
die Tausende waren in ihm ... er selbst hatte
aufgehört zu sein .... und doch waren alle
Dinge der Welt drangvoll eng, dunkel und leben-
heischend in ihm, daß ihm das Herz zu springen

drohte und sich immer und immer wieder be=
freiend entlud in dem heißen, gellenden Schrei:
Vivat Fridericus! Vivat — vivat Fridericus!

Willen= und wesenlos litt er die tausend
widerstreitenden Empfindungen. Er trieb in
dem Strome. Ging es vorwärts? Ging es
zurück? Es gab kein Hier oder Dort, kein Vor
und Zurück, kein Rechts und Links. Wie einen
Betäubten oder Toten warfen ihn vor= und zurück=
rollende Fluten hierhin und dorthin.

Und dann mit einem Male erwachte er.

Sie trugen einen an ihm vorüber. Zwei
Männer, die einen Toten oder Verwundeten
schleppten, streiften ihn und stießen ihn zur
Seite. Er sah das Gesicht dessen, den sie trugen,
sah es erst, ohne es zu wissen und zu fühlen,
wie er alles hörte und sah, was um ihn geschah.
Aber dann erwachte er. Er sah und wußte, wen
die Männer da aus dem Getümmel trugen. Es
war der Enakssohn aus der Schenke von Chru=
dim, dessen Namen er vergessen, der Oberst des
Regiments Altschulenburg.

Und mit einem Male wußte er, wo er war:
Das Chaos, das große Chaos, von dem dieser
Mann beim Tokaier gejauchzt hatte, war um
ihn. Er war ein Staub geworden, den der
Weltenwirbel strudelnd umtrieb...

Das Chaos... das große Glück... der
schwertklirrende Schöpfungstag... Gott...!

Der Feldprediger hörte die Worte. Wer rief sie ihm zu? Er sah auf das Antlitz des wunden Mannes nieder. Aber diese Lippen waren zusammengepreßt und schmerzversiegelt. Wer rief nur diese Worte?

Jetzt bäumte sich der Dragoneroberst in den Armen der Träger auf. Er warf das Haupt zurück. Seine Augen glühten zornrot und sehnsuchtsgierig und blickten wild auf einen Punkt. Der Feldprediger folgte seinem Blick, und nun sah auch er's!

Er schaute Gott . . .

Leibhaftig erschaute er den Gott des Enakssohnes.

Dort . . . dort . . .

Wenn schwertgewaffnete Männer aufeinander zureiten, so steht zwischen ihnen in einem roten Nebel Gott selbst, der Herr über Werden und Vergehen.

Dort loderte der rote Nebel wie Weltenbrand. Das vom Feinde erstürmte Chotusitz lag wie eine Flammenmauer himmelhoch aufgetürmt vor den Preußen. Der glostende Brand füllte die Welt, sprang in die Augen und setzte von da Himmel und Feld und Wald, Menschen und Fahnen und Waffen in rote, schwimmende Glut.

Und aus dem chaotischen Feuermeer, in das sich Menschen und Dinge auflösten, reckte sich

Gott! Nicht der Gott des Waisenvaters und seiner frommen Kinder in Halle, ein Gott der Riesen, ein urzeitlich-zeitloser, dämonischer Gott, ein Lebenzerstörer und Kraftgebärer, der Gott, der mit den Elementen streitet und ihnen, von Irrwischen der Hölle umgeistert, seine Schöpfung abkämpft. Der rote Wunschmantel der brennenden Welt weht ihm nach. Seine Zornaugen sprühen Feuer.

Er will den Sieg.

Und der Sieg ist verloren.

Das Chaos siegt.

Der verzückte Mann sieht plötzlich scharf und hart, was ist. Chotusitz brennt. Friedrichs Regimenter weichen. Ein Feuermeer scheidet sie von dem Siege.

Da reckt sich der hagere Mann im schwarzen Rock. Sein Gesicht ist scharfkantig und weiß wie das Antlitz einer kalksteinernen Grabfigur. Und er sammelt alle Kraft zu einem wilden, mächtigen, weithin hallenden Kampfgeschrei.

Die Grenadiere stutzen.

Sie sehen den waffenlosen, hageren, schwarzen Mann mit dem schlohweißen Gesicht und den glimmenden Augen. Sie sehen ihn die Arme heben wie einen Geisterbeschwörer und Teufelsbanner. Und sie hören ihn rufen:

„Dort ist der Weg zu Gott, Grenadiere! Dort ist Gott!"

Sein Arm ist ausgereckt und deutet in die
Glut von Chotusitz, aus der in Feuerbächen der
Feind nachströmt.

„Dort ist Gott!"

Und sie fühlen den Bann, den der eine aus=
übt. Sie sehen mit seinen Augen. Sie müssen
schauen, was er erschaut.

„Grenadiere! Grenadiere! Vorwärts! Dort
ist Gott!"

Der hagere Geistliche wächst wie ein Wolken=
gespenst, wie ein riesiger, schwarzer Schatten.
Ein Psychopompos weist er den Grenadieren den
Weg zum Tode.

„Dort ist Gott!"

Und wahrhaftig, von dorther leuchtet es,
strahlt es, blendet und gleißt es wie die tausend
Wunder des Herrn, wie die Herrlichkeit Gottes,
dort breitet er seine strahlenden Arme in glühen=
der Liebe aus, zu empfangen.

„Vivat Fridericus!"

Die Flut steht und rollt vorwärts.

Und nun reitet er vor seinen Eisenkindern
her, ein erdgeborener, strahlend junger Gott und
hat die dreißigjährigen Zornaugen eines Königs.
Brüder und Heergesellen Gottes, stürzen die Gre=
nadiere in wogenden Geschwadern vorwärts, und
der rote Tau des Sieges trieft ihnen auf Haut
und Waffen.

An dem Feldprediger vorüber brausen die Regimenter. Er sieht sie kaum. Er steht unbeweglich, ekstatisch. Da wankt ein einzelner an ihm vorüber. Den sieht er. Es ist sein Bruder. Er blickt in ein zerstörtes Menschenantlitz, das ihn wirr und scheu, wie etwas Unheimliches und Fremdes, anstarrt. Er glaubt seine Stimme zu hören: „Bruder, du hast so vielen den Weg zum Tode gezeigt. Weißt du m i r keinen Weg, keinen Weg ins Leben?"

Noch höher reckt er sich: „Dort ist Gott! Vorwärts!"

Und der Bruder wird vorwärtsgerissen. Er tappt willenlos an ihm vorüber, daß sein Leib ihn streift, vorwärts in Sieg und Tod wie ein Nachtwandler.

Da sinkt der ausgestreckte Arm des Feldpredigers nieder. Sein Werk ist getan.

* * *

Am Rain neben der Straße vor Kuttenberg umstehen ein paar Dragoneroffiziere einen toten Mann. Der da liegt, ist August Friedrich von Bismarck, der Oberst des Dragonerregiments Altschulenburg. Sein hünenhafter Leib ist von Kugeln zerfetzt und bis auf die Haut ausgeplündert.

Einer wirft barmherzig einen Dragoner=

mantel über den zerschossenen Leib und sagt traurig: "Der starke, fröhliche Mann..."

Ein anderer sagt: "Sein Tod wird dem König weh tun. Er hat den Bismarck geliebt um seines frischen Reiterherzens willen, und auch weil er das Blut des jungen Katte in den Adern trug, der für ihn enthauptet wurde. Ich habe selbst einst das Katzenwappen neben dem Bismarckschen Kleeblatt über der Tür seines Vaterhauses gesehen und bin mit ihm vor Jahren von Schönhausen durch den Kattenwinkel nach Wust geritten, wo Hans Heinz Katte unterm blauseidenen Mantel im Verbrechersarg schläft. Aber ich kann's auch bezeugen: Leichter floß des jungen Katte Blut nicht in den Sand von Küstrin als seines Vetters Blut auf der böhmischen Erde. Es ist wohl ein Trieb in dem Blute, daß es für Friedrich verströmen will und drängt und drängt und die Adern sprengen würde, öffnete sie nicht ein Schwert oder eine Kugel. Auch seinem braven Jungen, dem Berndt, haben sie heute den Fuß zerschossen..."

Wie die Offiziere noch sprechen, sehen sie plötzlich, wie ein hagerer Mann im schwarzen Feldpredigerrock neben dem Toten niederkniet und ihm ins Antlitz schaut. Und er rührt den zerstümmelten Leichnam an und ruft immer und immer wieder wie ein Narr: "Du glücklicher Mensch, du! O, du glücklicher Mensch du!"

So nimmt der Feldprediger Abschied von einem, mit dem er nie ein Wort gewechselt. Die Freunde des Toten stehen betroffen und ratlos neben dem Fremden. Sie wissen nichts davon, daß der Anblick eines Menschen auf einen anderen, mit dem ihn kein Band verknüpft, wirken kann wie die Erhabenheit einer Landschaft oder die Gewalt eines Gewitters.

Zwei Tage aus dem Leben des Herrn Carl Alexander von Bismarck.

a) Das Abendgebet an die Mutter.

Herr Carl Alexander von Bismarck*) sollte sein jüngstes Kind aus den Händen geben. Der zwölfjährige Junge hatte den letzten Tag, an dem er ganz Kind sein durfte, im Vaterhause verspielt und war eben aus den Kleidern geschlüpft. Nun saß er trotz der ungewohnt späten Stunde wach und aufrecht in seinem schmalen Bett und wartete auf den Vater, mit ihm zu beten und den Gutenachtkuß zu tauschen. Carl Alexander verzog noch, und der Kleine gab sich ungestört seinen Zukunftsträumen hin. Der nächste Tag sollte ihn zum Soldaten des großen Königs machen. Die Junker aus dem Bismarckschen Hause stellten sich gern im Knabenalter unter die preußischen Fahnen. Und der Knabe hörte ihr seidenes Rauschen draußen vor den offenen Fenstern durch die geheimnisreiche Nacht und vergaß, daß es der Wind war, der wehend durch die Kronen der alten Pappeln und Linden von Schönhausen strich.

---

*) O. v. Bismarcks Großvater.

Nun trat Herr Carl Alexander ins Zimmer. Es war ein ernster aufrechter Mann mit stillen, klugen Zügen. Das bartlose Gesicht, dessen weitausholende Wangenlinie vom Ohr bis zur Kinnmitte einen fast gezirkelten Viertelkreis beschrieb, sprach, ohne durchfurcht und durchwühlt zu sein, von würdig und bewußt bewahrter Leidenserfahrung. Das leicht zurückgestrichene, in Ohrschnecken und Haarbeutel getragene Puderhaar, das sorgsam gefältelte Spitzenjabot und der schlichte blaue Tuchrock über seidener Schoßweste, der kein Stäubchen trug, die ganze peinliche Sorgfalt seiner Kleidung in der späten Stunde zeigte den Mann, dem Ordnung und Sitte instinktiv lieb waren.

Er trat nachdenklich an das Kinderbett und legte die schlanke Männerhand, die eben noch über die Tasten des Spinetts geglitten war, leicht und doch zärtlich auf die schon gefalteten Hände seines Jungen. Lächelnd gewahrte er in den heißen Augen seines Ferdinand statt der gewohnten wohligen, schlafmüden Andacht den Glanz erwartungsvoller Reiseträume.

Aber dieses halb wehmütige Lächeln huschte ihm nur wie ein Schimmer um Augen und Lippen, wie wenn ein Licht vorübergetragen wird an einem Manne, der im Schatten steht, und wich bald einem träumerischen Ernst.

Ferdinand sah erwartungsvoll zu ihm auf.

Da fühlte sich das überraschte Kind plötzlich von den starken Armen des Vaters aus den Kissen gehoben und sanft zu Boden gesetzt.

„Komm, Ferdinand, heute beten wir drüben vor dem Bilde deiner Mutter", sagte Carl Alexander innig. Einen Augenblick umfaßte er noch die Gestalt des Kleinen, der jetzt in bloßen Füßen und dem weißen Nachtkittel doppelt kindlich erschien, mit einem gerührten Lächeln; unwillkürlich umkleidete er in Gedanken die weichen, schlanken Glieder mit kriegerischer Montur und gürtete um die schmale Hüfte das martialische Preußenschwert. Dann schritt er dem Kinde voraus durch die Tür seines Arbeitszimmers.

Vor seinem Studiertisch, auf dem Noten und sauber geschriebene Exzerpte aus vertrauten Büchern lagen, stand er still und hob den schwermütigen Blick zu einem lieblichen Bilde in zierlichem Goldrahmen. Dann umfaßte er spielend den schlanken Leib des Knaben und hob die leichte Last zu dem lächelnden Antlitz der Mutter empor. Schweigend überließ er sich und das Kind den frommen Wallungen ihres gleichmäßig bewegten Blutes.

„Nimm von ihr das Beste mit, Ferdinand! Die Mutter hat dir Besseres mitzugeben als ich. Halte ihr Andenken heilig, so ist all dein Leben immerdar von einem Engel behütet."

Auch die Kinderaugen waren still geworden. Vater und Sohn standen ernst. Nur die lichten, blaugrauen Augensterne der jungen, schönen Frau lächelten. Ihr von lieblich gebogenem Hälslein getragenes Haupt neigte sich leis zu den beiden herab. Eine zierliche Haarsträhne schien sich eben gelöst zu haben und hing über das holde Inkarnat der zarten Schulter. Eine große Perle schimmerte von dem rosigen Ohr unter den gepuderten Löckchen, und eine zartfarbige Rose lächelte über dem sanften, regelmäßigen Oval des Gesichts.

Der Knabe stand verträumt. „Erzähle von ihr!" bat er leise, und seine Hand stahl sich zwischen die gefalteten Finger des Vaters.

Carl Alexander war in seinen Armstuhl gesunken. Er erhob sich und nahm aus einem Schrank einen alten Reitermantel. In ihn schlug er behutsam den Leib des Kindes und zog es auf seine Knie.

„So, kleiner Soldat," lächelte er, „so sollst du das erste Biwak halten!"

Dann sann er ein Weilchen und hob an: „Du wirst morgen von mir gehen. Auch sie ist von mir gegangen. Aber anders und schmerzlicher. Und doch ist sie, du weißt es, bei uns, immer bei uns. So sollst auch du gehen und doch bleiben. Verstehst du das?"

Er erwartete keine Antwort. „Ich will dich's verstehen lehren, Ferdinand. Auch Kinder sind schon von mir gegangen. Ins Leben die einen, in den Tod die andern. Und sind alle noch bei mir.

Von einem will ich dir erzählen. Hör zu!

Ich war an einem goldenen Junimorgen aufgewacht. In den geschnittenen Hecken des Gartens war ich umhergegangen und hatte mich an der flaumzarten Sonnensehnsucht des tausendfältig erwachenden Lebens, an der Kühle des Taus und dem ersten Zirpen der Vögel gefreut. Drinnen im Hause schlief mir ein Knäblein von sieben Wochen in der kleinen Wiege, in der auch du einst gelegen. Und daneben ruhte deine liebe Mutter. Ihrer und des Kindes dachte ich und fühlte das Glück mit tausend feinen Silberglöcklein mir im Blute läuten. Und ich wanderte ein Stündlein zwischen den Sandsteinnymphen und Buchenhecken an den Wassergräben auf und nieder, bis ich die Sehnsucht nicht mehr verhielt, die mich an das Lager der Lieben trieb. Aber als ich an ihr Bett trat und die teuren Züge mit inniger Liebe betrachtete, sah ich in ihrem Antlitz ein wehes, angstvolles Regen, das wie ein Schauder um die geöffneten Lippen rann. Ihr Atem ging hastig und ihre Brust hob sich gequält.

Eben wollte ich leise ihre Stirn mit einem

Kuſſe rühren, da ſchlug ſie von ſelber die Augen auf. Und dieſe guten Sterne meines Lebens, um die noch die Nebel des angſtvollen Traumes bebten, klärten ſich in helle, heitere Reinheit, als ſie mein Antlitz erkannten, das ihnen in ſorgender Liebe nahe war.

,Ach, Lieber, es war nur ein Traum!' ſeufzte ſie und gab ſich wohlig dem erquickenden Erwachen hin.

,Was peinigte dich, du Süße?' fragte ich und ſtrich ihr lächelnd das Haar aus der klaren, feuchten Stirn.

Sie umſchlang meinen Hals, und ihre Lippen bebten auf den meinen. ,Liebſter, es war grauenhaft! Und nun iſt alles ſo gut. Ich ſah den kleinen Leib unſeres Kindleins zucken und nach Luft ringen. Ein Kiſſen hatte ſich über das arme Geſichtchen geſchoben und erſtickte es. O Gott, wie danke ich dir, daß es nur ein Traum war!'

Da ließ ich ihr Haupt aus meinen Händen und ſchritt zu der Wiege des Knaben, neben der im Armſtuhl die Wartefrau ſchlummerte. Ich wollte es aus den Kiſſen heben und an ihre Bruſt legen, daß ſie des Wiedergeſchenkten recht innig froh würde. Aber augenblicks entfuhr mir ein heiſerer Schrei. Das holde Antlitz des Kindes war unter Kiſſen verwühlt, und da ich's zuckend herausriß, ſah ich, daß es uns tot war."

Carl Alexander schwieg lange. Die Erinnerung bebte schmerzhaft in dem leiderfahrenen Männergesicht. Er zwang sich zur Ruhe.

„Es war ein Traum gewesen und doch kein Traum. Wie uns das Furchtbare hinschmetterte und zerbrach, davon will ich nicht reden. Ich wollte dir zeigen, wie eine Mutter in ihren Kindern ist. Um sie und in ihnen. Auch in dir.

Als wir nach Tagen über das Unfaßbare sprechen konnten, sagte die liebste Frau schmerzlich: ‚Was ist Unbegreifliches an dem ahnungsvollen Traum? Es war doch mein Kind.'

‚Und ich,' stöhnte ich, ‚und ich, Liebste? Bin ich euch weniger innig verbunden? Bin ich ausgeschlossen von eurer Sympathie? Bin ich nicht zur selben Stunde, in der dir die Todespein des Kleinen im eigenen Herzen wühlte, ohne Wissen und Ahnen lächelnd und glücklich — wachend, Liebste, während du schlafend empfandest! — unter euren Fenstern gewandelt?'

Aber sie preßte mich unter Tränen ans Herz. ‚Du Liebster! Und doch war es kein Wunder. Ich mußte es fühlen. Das Kindlein war ja noch ganz ich selbst. Keine Faser seines süßen Seins, die nicht von der Mutter war. Was es trank, war ich. Kein Ding der Welt von allen Kräften und Stoffen war in seinen reinen Leib hineingegangen, das nicht vorher durch mein Geblüt gegangen wäre ... nichts, nichts außer ein paar Schlücklein Himmelsluft, und auch der reine Gottesodem hat ja die Mutterbrust und die Lünglein des Kindes in e i n e m Wehen geschwellt, wie e i n Windhauch kosend zwei Blättlein bewegt oder eine Welle zwei Schifflein wiegt. Es war ja noch ganz mein Eigen und noch ganz in mir, ob auch geboren. Fühl' ich's doch auch, wenn mich die Hand schmerzt, und sie ist doch weniger ich als mein Kindlein!"

Carl Alexander schloß die Augen, und es dauerte lange, ehe er weitersprach.

„Nun weißt du, was eine Mutter ist, Ferdinand, und warum sie dir den Abendsegen geben mußte. Eine Mutter ist mehr als der beste Vater. Hab' ich's doch nach Jahren selbst nicht ahnend gefühlt, als der Tod an ihr Leben griff und sie mich von sich schickte, da der Arzt ihr dicht am lieben Herzen schneiden sollte. Sie schickte mich mit einem frommen Betrug von sich; ich wußte nichts, bis alles geschehen war, und fühlte nicht das Messer an ihrem Herzen.

Nun gehst du in die Welt, mein Kind, und die Dinge der Welt gehen um dich und an dich heran und in dich hinein. Die Kräfte und Stoffe der Welt gehen in dich hinein und formen und bauen an dir, die nicht von den frommen Pulsen ihres Blutes getrieben durch den reinen Mutterleib und ihr süßes Herz gegangen sind wie Brünnlein durch reinigende Erde — sieh zu, daß nichts in dich kommt und in dir bleibt, was in ihr nicht hätte gedeihen können! Wahre deine Seele und hüte deinen Leib, mein Kind, als wär' es der heilige Leib der Mutter, der dir zum Schutz anvertraut ist. Trage behutsam dein Herz durch die Gassen der Welt, als wär's ein zerbrechliches Arzneiglas, in dem du die Genesung der Mutter trägst! Trage es behutsam bis zum Tore der Ewigkeit, dahinter sie wartet und danach dürstet! Werde Gottes Soldat auf Erden nach ihrem Herzen! Und nun laß uns beten..."

Herr Carl Alexander barg den Kopf seines Kindes an seiner Brust und empfand die keusche Weihe und Kraft des Gebets, das der Knabe zum erstenmal wie ein Mann stumm im Innern sprach und sich durchs Herz rinnen ließ, ohne es über die Lippen treten zu lassen.

Das Kind gab sich der Geborgenheit der Umarmung hin, wie ein Ertrinkender sich dem Retter anschmiegt. Die heilige Flut des reichen Lebens schwoll rauschend um ihn auf; in diesem Rauschen und Brausen ging das seidene Wehen der Fahnen von Roßbach und Leuthen unter, Knabenträume und Zukunft versanken darin, nur die heilige, unfaßbar heilige Melodie schwoll höher und höher um ihn...

Als der Vater seinen Knaben zu Bett gebracht hatte, schritt er noch lange, dann und wann stehen bleibend, in tiefer Bewegung im Zimmer auf und nieder.

Endlich, da er spürte, daß er noch lange nicht werde schlafen können, setzte er sich an seinen Arbeitstisch und blätterte, um Ruhe zu finden, unter Versen und Noten. Das erste, worauf sein Auge traf, war der wehmütige Vierzeiler eines Dichters, „Menschleins Grabschrift" überschrieben:

> Im Winde fuhr ein kleines Lied
> Vom Hangen und vom Bangen,
> Im Winde fuhr ein kleines Lied,
> Der Wind ist schlafen gegangen . . .

Der einsame Mann ging träumerisch zu dem kleinen Mahagonispinett und regte die Tasten, ohne recht zu wissen, was er tat. Eine schmerzliche, sehnsüchtige Weise gesellte sich zu den Worten des Liedes. Aber plötzlich sprang er auf und rief, während er fühlte, wie hervorbrechende Tränen seine Wimpern netzten, leidenschaftlich aus: „Nein, nein, nein! Ueber aller Melancholie ist die Gewißheit!"

Und die Stirn gegen die kühlen Scheiben pressend, sah er auf zu den lichten Sternen der Frühlingsnacht und fühlte das Wogen seiner in ihren Tiefen aufgewühlten Brust.

b) **Empfindsame Reise zweier
Vettern Bismarck.**

Herr August Friedrich von Bismarck, verabschiedeter Hauptmann aus der Armee des großen Königs, hatte sich, während die Post in Rathenow die Pferde wechselte, in einer naheliegenden Weinstube gestärkt. Unvermutet hatte er dort Herrn vom Buch getroffen, einen alten Kameraden, mit dem er noch vor einigen Jahren im Landbataillon zu Stettin gestanden. Das unverhoffte Wiedersehen hatte dem sonst wortkargen Manne die Zunge gelöst, und er hatte sich über das Woher und Wohin seiner Reise mehr ausholen lassen als ihm lieb war. Zumal als er mitten im Gespräch merkte, daß der andere des Guten schon etwas zu viel getan haben mochte, suchte er mit raschem Abschied davon zu kommen. Aber Herr vom Buch schob vertraulich seinen Arm in den des wiedergefundenen Kameraden und schritt neben ihm die Straße bis zur Poststation hinab.

„Der Tausend, der Tausend!" rief der Redeluftige munter, während er mit den weinerhitzten Augen gegen die helle Sonne blinzelte. „Das nenne ich eine Art! Den Dienst quittieren, um nun erst recht in den Krieg zu ziehen!"

Herr von Bismarck schien keine Lust zu verspüren, das angeschlagene Thema in scherzhafter Laune zu behandeln, und antwortete nur mit einem verdrießlichen Gesicht. Dabei schob er trotz der blinkenden Frühlingssonne den Kragen seines Reisemantels mit einem energischen Ruck auf, als wollte er sich mit einem Visier gegen weitere Attacken schützen.

Die steifleinene Pedanterie seines Kameraden aber war für den fröhlichen Begleiter nur Oel ins Feuer. Er lachte herzlich und stichelte munter weiter: „Ja, ja, Ehejahre sind Kriegsjahre. Nun, nun, du wirst's schon noch merken. Ich hab's selbst erfahren und freue mich, zu sehen, daß du auch ins Feuer gehst! Aber — parbleu! — wo hast du die Demoiselle kennen gelernt?"

„Die Demoiselle ist meine Kusine", erwiderte der andere bärbeißig und streckte, während er schon den Schlag der Postkutsche öffnete, die Hand zum Abschied aus.

„Nicht so hitzig, nicht so hitzig!" lachte Herr vom Buch. „Es ist noch eine gute Weile für Vorpostengespräche, und die große Bataille kommt früh genug! Ah, sieh da, du hast Gesellschaft bekommen? Mon dieu! Wo will das Brustkind ohne die Amme hinfahren? Nun, nun, friß ihn nur nicht auf! Er schläft ganz manierlich und wird dich nicht molestieren."

Das „Brustkind" war ein wohl kaum vierzehnjähriger Junker des Leibkarabinier-Regiments, dessen rundes, volles Gesicht durch den Kontrast der kriegerischen Montur noch kindlicher wirkte als es war, zumal jetzt, wo er mit geschlossenen Augen zu schlummern schien.

„Ah ja, was sagte ich doch? Wo hat die schöne Kusine dein sprödes Herz gerührt. In Schönhausen?"

Der Reisende ließ ärgerliche Blicke zwischen dem Junker im Wagen und seinem anhänglichen Kameraden hin und her gehen: „Nenne wenigstens keine Namen! Du siehst doch" —

Herr vom Buch steckte gutmütig lachend den Kopf in die Kutsche. „Mais sans doute, er schläft und belauscht die Geheimnisse von uns Liebenden nicht. Aber gut, gut! Ich moderiere mich, nur gib endlich Antwort! Wann und wo hat sie dich in Rosenfesseln geschlagen?"

„Kurz und gut," fertigte Herr von Bismarck den Ueberlästigen ab, „es gibt keinen Roman auszuwittern. Ich brauche eine Hausfrau, und da meine Kusine im Alter zu mir paßt, so danke ich Gott, daß ich nicht an fremde Türen zu klopfen und mich betrügen zu lassen brauche."

„Grundgütiger! Mon cher, du redest wie ein Krämer!" Herr vom Buch stand einen Augenblick halb verdutzt, dann brach er unter dem Eindruck eines offenbar übermäßig komischen Einfalls in ein schallendes Gelächter aus. „Parbleu! Weißt du, was ich glauben könnte? Du hast die Demoiselle — überhaupt noch nicht gesehen!"

Der andere zog die Brauen zusammen. "Du hätteft dann vollkommen recht."

Herr vom Buch ftand wie vor den Kopf gefchlagen. "Mon dieu — mais non, c'est impossible..." Und er nahm einen Anlauf zu einem neuen Gelächter. Dann aber fühlte er doch das Unfchickliche feiner Heiterkeit und legte dem andern die Hand auf den Arm. "Mille fois pardon, aber das — du verftehft, ich konnte nicht ahnen, daß du wirklich... Es follte ein Scherz..." Er fühlte, daß er das Uebel nur fchlimmer machte, und brach ab, indem er hilfefuchend in das froftige und unbewegte Geficht des Kameraden fah.

"Hm! Du weißt alfo, es ift kein Scherz."

"Aber...?"

"Die eigene Familie ift die einzige, die man wirklich kennt. Ich meine, das Räfonnement ift vernünftig und hat nichts Scherzhaftes an fich."

"Nein, gewiß, gewiß...! Alfo vraiment?" Herr vom Buch bemühte fich, die verlorene Haltung wiederzugewinnen, und als der andere fein liebenswürdiges Geplauder kühl von fich abrinnen ließ, ohne eine Miene zu verziehen, ficherte er fich wenigftens einen guten Abgang: "Nichts für ungut, mon cher, und gute Reife! Aber was braucht's da noch vieler Wünfche! Wahrhaftig, jetzt verftehe ich, was das pausbäckige Kind in Waffen in deiner Kutfche tut! Amor felbft geleitet dich, hahaha, wahrhaftig, es ist Amor selbst mit Pfeil und Bogen, wollte sagen mit Sr. Majestät Spieß und Degen! Hahaha, vraiment sehr gut, Amor im Kostüm der Zeit! Adieu, adieu, ich muß eilen ... au revoir — freilich, wer weiß wo? Nun, vielleicht küss' ich einmal deiner Zukünftigen in Jarchlin die Hand."

Und schon bog er lachend um die Straßenecke, außerordentlich befriedigt, sich so gut aus der Affäre gezogen zu haben. Hinter der Häuserecke überließ er sich ungestört seiner Heiterkeit und setzte kopfschüttelnd und lustig vor sich hinmeckernd seinen Weg fort.

„Cuve ton vin, bête!" knurrte der Hauptmann grob hinter ihm drein, das geliebte Idiom des andern äffend.

Die Peitsche knallte gleich darauf ein ganzes Feuerwerk von Tönen, die Pferde zogen an, und die Kutsche setzte sich schaukelnd in Bewegung.

Während sich der mißgelaunte Hauptmann in seine Reisedecke wickelte, merkte er, daß der uniformierte kleine Amor ihm gegenüber erwacht sein mußte und ihn unter halbgeöffneten Lidern hervor, wie ihm schien, sehr interessiert beobachtete. Die Musterung machte ihn verlegen und ärgerlich. Wer war der Bursche? Wieviel mochte er mit seinen spitzbübischen Ohren von dem indiskreten Geschwätz des Herrn vom Buch gehört haben? Welcher Teufel hatte ihn aber auch geritten, diesem angetrunkenen Hanswurst Konfidenzen zu machen! Ah bah, mochte der Knirps gehört haben, was er wollte!

Der Knirps hätte kein Junge von vierzehn Jahren sein müssen, um nicht in der Tat alles gehört zu haben. Das Wort von dem „Brustkind" war ein unvorsichtiger Stich gewesen, der seinen soldatischen Stolz arg gereizt und ihn zu allem Guten und Bösen auf den Platz gerufen hatte. Gleich darauf war das Wort „Schönhausen" an sein Ohr gedrungen, und hatte, da er selbst den Namen Ferdinand Bismarck*) trug und auf der Osterreise nach Schönhausen war, seinen Zorn in Neugier verwandelt. Was hatten die zwei da von seinem Vaterhaus zu plappern? Von da ab war seine Phantasie eifrig dabei, die ungewollt aufgefangenen Brocken des Gesprächs zu kombinieren.

Der Griesgram von Reisendem sah aus wie ein Schulmeister am Sonntag: schwarze Schnallenschuhe und Kniehosen, weiße Strümpfe, hechtgrauer, bestickter Rock und seidene Schoßweste. Alles in allem war er ein sonderbares Gemisch von Stutzer und Pedant. Damit schloß der Junker sein Urteil über den Reisegenossen, das durch das Wort vom Brustkind ohne Amme nicht an Schärfe verloren hatte.

---

*) Vater des Altreichskanzlers.

Warum giftete der „Schulmeister" sich so über das Gewäsch des Herrn vom Buch? Warum schielte er so lächerlich von rechts nach links und trat verlegen von einem Fuß auf den andern, als sähe er allerhöchste Kabinettsgeheimnisse bedroht?

Aha, das war es: der „Schulmeister" ging auf Freiersfüßen! Diese Entdeckung war ein solcher Kitzel für das vierzehnjährige Jungenherz, daß ihm das Gesicht von unterdrücktem Lachen krebsrot wurde. Er war sich wohl bewußt, daß der „Schulmeister", mit dem er insgeheim sein Gegenüber titulierte, nur ein boshafter Tropos war. In Wahrheit mußte der Hechtgraue ein Kamerad des Herrn vom Buch, also Offizier oder doch gewesener Offizier sein.

Soweit sah der kleine Amor klar. Und wahrhaftig, lächerlich genug war es ja, daß der Kauz eine Kusine heiraten ging, die er nie im Leben gesehen! Aber das war alles gerade genug, um mehr wissen zu wollen. Was hatte Schönhausen mit der herzallerliebsten Kusine des Schulmeisters zu tun? Er hatte ihn nie dort gesehen. Wer war er überhaupt, und wo wollte er hin?

In diese Meditationen war dann wie eine zündende Bombe das Abschiedswort des Herrn vom Buch gefallen: „Vielleicht küss' ich einmal deiner Zukünftigen in Jarchlin die Hand."

Jarchlin —? Jarchlin —?

Wenn der hechtgraue Schulmeister wirklich und wahrhaftig — und das Alter des etwa Dreißigjährigen stimmte ja — der Gutsherr von Jarchlin war, so war es kein anderer als sein unbekannter leiblicher Vetter August Friedrich.

Aber nun war alles dreifach dunkel. Wer war dann die unbekannte Kusine? Was hatte Schönhausen mit der ganzen lächerlichen Freite zu tun? Nein, nein, es war unmöglich. Es war völlig unmöglich. Es konnte der Vetter August Friedrich nicht sein. Er mußte das Wort Jarchlin wohl falsch verstanden haben.

Der „Schulmeister" ärgerte sich indessen, während die Postkutsche ihre Straße dahinrumpelte, weidlich über die zudringlichen Jungenaugen, die ihn keinen Moment freigaben. Aber schließlich, er hatte Wichtigeres zu tun, als sich durch einen ungezogenen Jungen irritieren zu lassen! Das Wichtigere, was Herr August Friedrich zu tun hatte, war, sein durch die Heiterkeit des Herrn vom Buch empfindlich gestörtes Gleichgewicht wieder in Ordnung zu bringen.

Was hatte der Narr an einer so klaren und vernünftigen Sache lächerlich zu finden? Herr von Bismarck legte sich die Frage ernsthaft vor und prüfte, um zur Klarheit zu kommen, noch einmal den ganzen Weg, auf dem er zu seinem gewichtigen Entschluß gekommen war, nach.

Also: der Gutsherr von Jarchlin brauchte eine Frau. Gut. Die Jungfer Ballerstedtin, die ihm bisher die Wirtschaft besorgt, wollte in drei Wochen ehelichen. Gut, ein Grund mehr für ihn selber. Die Jungfer Ballerstedtin hatte ihm allerlei lächerliche Propositionen in betreff seiner Zukünftigen gemacht. Aber er hatte keine Lust, eine langwierige und riskante Wahl unter den Töchtern des Landes zu treffen. Er hatte sich nicht resolvieren können, ins Blaue auf die Brautschau unter fremde Menschen zu gehen. Gut und noch einmal gut. Er hatte unter den Familienpapieren die Geburtsanzeige seiner leiblichen Kusine Dorothea Sophie Friederike Charlotte Bismarck, geboren zu Schönhausen am 11. Oktober 1765, gefunden. Gut, sehr gut. Diese Kusine mußte jetzt im neunzehnten Lebensjahre, also in mannbarem Alter stehen. Vortrefflich. Eine Anzeige ihrer Verlobung oder gar Vermählung fand sich nicht vor, ergo war ihre Hand frei.

Wußte er etwa mehreres von der Demoiselle Knobelsdorff, die ihm die Jungfer Ballerstedtin proponieren wollte? Nein und noch einmal nein. Bei seiner Kusine kannte er wenigstens die Familie. Kennt man den Baum, so kennt man die Frucht. Ein Nußbaum trägt Nüsse, ein Weinſtock Trauben et cetera. Alſo reſümieren wir: die Familie iſt meine eigene, will heißen, ſie iſt vortrefflich, das Alter der Demoiſelle iſt paſſend, und enfin, die Jungfer Ballerſtedtin hatte ſeine Reſolution ſehr vernünftig gefunden.

Dieſer letzte Gedanke gab den Ausſchlag. Der Herr vom Buch war ein Hanswurſt. Mochte er faſeln! Es lohnte ſich nicht, ſeine lächerlichen Faxen ernſt zu nehmen.

Der Gedanke an die Jungfer Ballerſtedtin hatte zudem eine andere Erinnerung in Herrn Auguſt Friedrich wachgerufen. Dieſe ſehr vernünftige Jungfer hatte des weiteren einen praktiſchen, wenn auch beinah überflüſſigen Gedanken gehabt. Sie hatte ihn daran erinnert, daß der Vater ſeiner Kuſine ein ſehr vielgeleſenes und, wie man ſagte, vortreffliches Ehrendenkmal auf ſeine verſtorbene Ehefrau geſchrieben habe. Die Jungfer Ballerſtedtin hatte das Büchlein, deſſen rührendſte Szenen ſogar in koſtbaren Porzellanen abgeſchildert worden waren, wie ſie ſagte, mehr als zehnmal und immer mit unendlichen Tränen geleſen. Das war freilich Weiberſchnickſchnack und nichts für ihn. Aber immerhin, man konnte wohl einmal nachleſen, was über die Mutter ſeiner Braut zu ſagen geweſen war. Nutzte es nichts, ſo ſchadete es auch nichts. Solange die Natur im Gleiſe iſt, müſſen die Töchter wohl nach der Mutter ſchlagen.

Durch diese Erwägungen gestärkt, zog Herr August Friedrich das Büchlein aus seiner Manteltasche, wohin es ihm die Jungfer Rosine beim Abschied gesteckt hatte. Er schlug das zärtlich in blaue Seide geschlagene Druckschriftchen auf und las: „Gedächtnisschrift auf Christine Charlotte Gottliebe von Bismarck geborene von Schönfeldt von Carl Alexander von Bismarck." Herr August Friedrich nickte zufrieden. Es stimmte. Nous verrons!

Bedächtig musterte er zu Eingang die aus Schäferstab, Köcher und Pfeilen, Urne und Blumenranken zierlich in Rocaillemanier kombinierte Vignette und ergründete nachdenklich den Sinn dieser Embleme. Dann las er.

Indessen hatte der kleine Amor, während der Pedant umständlich das Titelblatt glättete, gleichfalls mit scharfen, raschen Augen die Zeilen des wohlbekannten Aufdruckes überhuscht und festgestellt, daß der Schulmeister sich anschickte, seines Vaters Gedächtnisbüchlein auf seine Mutter zu lesen.

Diese Entdeckung machte, daß er sein Gegenüber mit offenem Munde anstarrte. Sollte es doch der Vetter aus Jarchlin sein...? Dieser Gedanke mußte, nach dem nicht eben geistreicher gewordenen Gesichtsausdruck des kleinen Junkers zu schließen, ein unergründliches Mysterium in sich bergen.

Herr August Friedrich aber hatte sein neugieriges und lästiges Gegenüber vergessen. Die Lektüre des Buches, das sich geflissentlich aller militärischen Kürze enthielt, machte ihm zu schaffen. Der Stil des verehrungswürdigen Onkels erschien ihm weitläufig und geblümt genug für einen Roman. Und Herr August Friedrich verband mit dem Worte Roman nicht eben einen lobenden Sinn. Er war, weit entfernt, sich wie die Jungfer Rosine nasse Augen zu holen, vielmehr nahe daran, seinen Onkel Carl Alexander ab und zu mißvergnügt zur Sache zu rufen.

Die gewissenhafte Gründlichkeit, mit der er die ersten Zeilen durchlesen, wich rasch einem flüchtigen Durchmarsch der Seiten. Er fand nichts Greifbares, schätzbar Wissenswertes. Das waren umständliche Erörterungen von Absichten, peinliches Abwägen von Wollen und Können, abgerissene Interjektionen und klagevolle Vorbehalte unzureichender Kraft.

Rascher und rascher blätterte Herr August Friedrich um. Auf Seite 10 stak er noch immer in den Präliminarien, aber — aha! — da, auf Seite 11 unten markierte ein fetterer Druck den Uebergang zur Hauptsache. Hier gab es Namen und Daten in knapper, kalenderhafter Folge und sodann wissenswerten Aufschluß über den Stammbaum der verehrungswürdigen Frau Tante bis hinauf zu ihrem vierten Urältervater

Georg Freiherrn von Dörflinger, kurfürstlich brandenburgischem geheimen Kriegsrat, und ihrer vierten Urältermutter Barbara Rosine von Behren . . . Das war vertrauenswürdiger Grund, auf dem sich geruhig, Zeile für Zeile, vom zweeten Urältervater zur zwoten Urältermutter und weiter schreiten ließ.

Aber nun umspülte leider wieder die empfindsame Wortflut die sichere Insel. Die Lektüre wurde schwieriger, und Herrn August Friedrichs Brauen zogen sich zusammen. Das alles ließ sich wohl knapper und kürzer sagen, als es dem Herrn Onkel beliebte!

„. . . Hier ward sie in der Einsamkeit und in der Unschuld erzogen; hier war es, wo sie schon in kindlicher Annehmlichkeit meinem Herzen gefiel, und wo ich sie endlich, nachdem ich unterschiedliche Jahre in einer entfernten Garnison und im Kriege abwesend gewesen war, noch unschuldig, aber erwachsen und reizend als eine aufblühende Rose wiedersah. Oh, kommt zurück, ihr seligen Stunden, wo der Umgang mit dieser Liebenswürdigen in einer zwar einsamen, von der Kunst vernachlässigten, aber von der Natur bezauberten Gegend mein Herz mit einer so himmlischen Zufriedenheit erfüllte, daß ich alle Verdrießlichkeiten meines Lebens, ja alle andern Glückseligkeiten darüber vergaß. Kommt wenigstens meinem Gedächtnisse zurück; nur auf einen

Augenblick, denn länger wird euch der Gram doch nicht bei mir lassen. Komm besonders zurück, du sanfter Frühlingsabend, der du ihrer Erinnerung noch stets wert schienst, wo ich an der Hand meiner Geliebten und ihrer würdigen Schwester, längs einem stillen, majestätischen Gehölz, im Silberglanze des Mondes, bei dem Rauschen eines nicht erdichteten Baches, bei den zärtlichen Klagen der Nachtigall, mit einem Herzen voll Liebe, mit einem diesen Abend so gleichförmig empfindenden Herzen die Schönheit der Welt, die größere Schönheit der Unschuld und das mutmaßliche Glück, von dieser geliebten Unschuld wiedergeliebt zu werden, so unbeschreiblich empfand..."

Uff! Herr August Friedrich machte eine Pause und hob den Blick, ohne doch etwas von der hold entfachten Pracht des Frühlingstages zu sehen, dessen Atem über dem aufgewirbelten Staub der Straße mit Kirschblütenblättern und ersten süßen Düften spielte. Was hätte die Jungfer Marie Rosine Ballerstedtin darum gegeben, die zarte Wehmut dieser keuschen männlichen Liebesklagen im eilenden Postwagen, nur unterbrochen durch schmetternde Lerchenwirbel, zu schlürfen, den zehrend-süßen Gedanken im Herzen, an diesen blühenden Bäumen und sprossenden ersten Saaten vorüber den Gefilden zuzueilen, wo der Dichter dieser sanften Klagen mit seiner lieblichen Freundin leibhaftig wandelte und mit ihr unausdenkbar tief empfand, was er nun andere empfinden ließ... Für Herrn August Friedrich war die Lektüre, rundheraus gesagt, Holzhackerarbeit.

Gleichwohl trieb ihn der Ernst seines Vorhabens zu weiterem Vordringen in die duftende Wildnis der Liebesklagen Carl Alexanders an. Auf Seite 19 endlich machte er mit befriedigtem Kopfnicken Station und las die letzten Sätze noch einmal: „Sanft und glückselig floß nunmehr unser verbundenes Leben dahin. Wäre es ewig gewesen, so wäre es der Himmel. Wenigstens für mich; denn was kann der vertraulichen Gesellschaft einer wohlgebildeten, aufgeweckten, zärtlichen, vernünftigen, tugendhaften Frau, was dem Glück, eine solche Frau unaussprechlich zu lieben und in gleichem Grade von ihr geliebt zu sein, vorgezogen werden?... In der Tat, diese Verbindung übertrifft an Glückseligkeit alle anderen menschlichen Verbindungen."

Herr August Friedrich unterstrich noch einmal mit bedächtigem Kopfnicken jedes dieser vollwichtigen Epitheta, indem er mit leiser Lippenbewegung aus dem Kopfe wie eine Lektion rekapitulierte: „Wohlgebildet, aufgeweckt, zärtlich, vernünftig, tugendhaft. Nun, so ist alles gut," schloß er, „und ich brauche sonst nichts zu wissen!"

Gleichwohl blätterte er, an Gewissenhaftigkeit und Gründlichkeit gewöhnt, noch einmal über die folgenden Seiten, ohne sich doch entschließen zu können, sie Wort für Wort zu lesen. Zuletzt aber stieß er auf ein nachdenkliches Wort des Carl Alexander, das zwischen Glück und empfundenem Glück unterscheiden wollte. Halt! dachte Herr August Friedrich, hier verlieren wir uns in unnütze und allgemeine Betrachtungen. Was soll das, bei Tage besehen? Bin ich glücklich, so fühle ich mich glücklich — wo ist da ein Unterschied? Wollte Gott, ich wäre es bald, so sollte es mir auf eins hinauslaufen. Er schlug energisch das Büchlein zu, ohne weiter den zarten Graden feinschmeckerhaften sentimentalen Lebensgenusses nachzugehen, für die er nun einmal kein empfindendes Organ besaß.

Herr August Friedrich war voll befriedigt und blickte nun gut gelaunt und durchaus wohlwollend in die ihn umgebende Welt. Leider war das erste, worauf seine zufriedenen Blicke trafen, das neugierige Augenpaar des von ihm völlig vergessenen Reisegenossen, der das Büchlein des Carl Alexander mit unverhohlenem Interesse musterte.

Halt! dachte Herr August Friedrich, ich muß diesem mal élevé eine Lektion in Politesse geben! Und indem er sich mit feindseliger Freundlichkeit an seinen jungen Mitreisenden wandte, setzte er laut hinzu: „Der Herr Junker scheint sich lebhaft für m e i n Buch zu interessieren?"

„Sehr," sagte der kleine Amor mit überzeugender Gemütsruhe und ohne einen Anflug von Verlegenheit. Innerlich setzte er hinzu: „Warte, Schulmeister, ich will dich lehren, das ‚mein' mit deinem Lineal zu unterstreichen!"

Das Gespräch stockte. Herr August Friedrich fühlte sich durch die vierzehnjährige Unverfrorenheit entwaffnet. Aber er fühlte doch, es sei schmählich, zurückzuweichen. So spitzte er den Mund noch etwas mehr zu und inquirierte weiter: „Und warum, wenn die Frage erlaubt ist?"

„Weil es ein schlechter und abscheulicher, unberechtigter Nachdruck ist", kam es behaglich zurück.

„So?!"

„Ja."

Herr August Friedrich empfand: das war stark. Der Zorn bebte zu des Jungen geheimer Herzensfreude in seiner Stimme, als er stichelnd fortfuhr: „Der Herr Junker scheint das Buch ja sehr genau zu kennen?"

„Allerdings. Mein Vater hat es geschrieben."

„Ah —!"

Herrn August Friedrichs Gesicht war nichts weniger als geistreich zu nennen. Er brach das Wortgefecht mit offenem Munde ab und ging vorsichtig mit sich zu Rate.

Teufel auch! Das war unerwartet. Es war geradezu abscheulich! Herrn vom Buchs Geschwätz kam ihm augenblicklich in verdrießliche Erinnerung. Dieser Bengel sah aus, als hörte er das Gras wachsen! Wieviel mochte er gehört haben? Und wieviel hatte er sich ihm gegenüber vergeben? Unter den Eigenschaften der Sophie Dorothea Friederike war dieser Bruder die erste schlechte, die er entdeckte.

Diesem Empfinden gab er halb verblümt Ausdruck, indem er mit gezwungener Freundlichkeit fortfuhr: „Sieh, sieh! Ich wußte kaum, daß Carl Alexander Söhne hat!"

„Doch, doch", versicherte der andere freundlich überzeugend, indem er im stillen einen Vokativ aus dem Tierreich beifügte.

„Hehe!" mühte sich Herr August Friedrich zu lachen. Dann fuhr er unbedacht fort: „Aber ja, richtig, ich entsinne mich sogar, es ist ihm in zartem Alter ein Söhnchen durch die Unvorsichtigkeit der Wartefrau erstickt."

„Der bin ich nicht!" replizierte der Kleine trocken.

„Das sehe ich", fauchte August Friedrich mit schlecht bezähmter Wut.

Es war schwer zu raten, wie sich die Beziehungen zwischen den künftigen Schwagern weiter gestalten würden. Herr August Friedrich wenigstens sah sich in einer Sackgasse, aus der mit sauersüßer Freundlichkeit wieder hervorzukriechen ihm seine Würde nicht erlaubte.

Aber der Kleine enthob ihn seiner Verlegenheit, indem er nun seinerseits zur Attacke blies: „Obzwar . . . ein solches Malheur könnte mir wohl leicht auch noch arrivieren, da ich kaum mehr als ein Brustkind bin . . ." Die Jungenaugen glitzerten diabolisch.

Da haben wir's! stöhnte es in Herrn August Friedrich. Nun war es doch an ihm, einzulenken: „Der Herr vom Buch hat sich in seinen Ausdrücken gehen lassen. Lassen wir ihn! Ich habe mich schon genügend über ihn echauffiert. Aber da der Herr Junker alles gehört hat, so weiß er auch wohl, daß wir Vettern sind. Ist's gefällig?" Und er streckte mit mühsamer Freundlichkeit die Rechte aus, über die die zierlichen Spitzen des Staatsrockes fielen.

Der Kleine schüttelte sie so ausgiebig und herzhaft, daß die verwandtschaftlichen Gefühle des andern sich mehr und mehr abkühlten. Er empfand, der Gelbschnabel erdreistete sich, ihn zu vexieren. Aber er fühlte auch, daß er dem höheren Zweck seiner Reise Opfer bringen müsse, wenn er nicht schon an der Schwelle stolpern wollte. So bezwang er alles, was in ihm kochte, und nahm sich zusammen, daß ihm nicht ein neuer Lapsus unterliefe. Es galt jetzt, mit kühlem Kopfe das Terrain zu erkunden.

„Der Herr Vetter hat leider die platten Späße des Herrn vom Buch gehört?"

Ferdinand Bismarck lächelte freundlich und nickte.

„Eh bien, so weiß der Herr Vetter auch, was ich vorhabe?"

Ich gäbe einen Taler preußischen Kurants darum, wenn ich das wüßte! dachte der andere, aber er zog sich mit einem Augurenlächeln unbegrenzten Einverständnisses aus der Affäre.

Da fuhr Herr August Friedrich, der jetzt unbefangene Offenheit für das Beste hielt, fort: „Wills Gott, Herr Vetter, so sind wir also bald mehr als Vettern!"

Er ist des Teufels! Er ist wahrhaftig vollkommen des Teufels! dachte der Kleine, wenn seine völlige Verdutztheit sich überhaupt in Worten ausdrücken ließ. Er saß ganz und gar perplex da, und alle Spotteufelchen waren aus seinen Augen ausgelöscht.

Herr August Friedrich zwang sich, das unfreundliche Schweigen für kindliche Blödigkeit zu nehmen. Zuckersüß erkundigte er sich: „Und wie geht es der liebenswürdigen Dorothee?"

Das Wort zündete. Ein ganzes Feuerwerk nichtsnutziger Tollheit spritzte aus den Augen des kleinen Amor, der sich krampfhaft zusammennahm, nicht trommelnd seine Schenkel mit beiden Fäusten zu bearbeiten. Er war mit einem Male ganz auf dem Poſten. Er verbeugte ſich mit chevaleresker Verbindlichkeit und erwiderte vorſichtig: „Ich danke dem Herrn Vetter. Ganz nach den Umſtänden. Und wo hat der Herr Vetter meine Schweſter zuletzt geſehen?" Es war die neugierige Frage des Herrn vom Buch.

„Haha," lachte Herr Auguſt Friedrich verlegen, „ich ſehe, auch dieſer Punkt iſt kein Geheimnis mehr. Nun, was euch jungen Leuten komiſch vorkommt . . .!"

„Aber ich bitte, Herr Vetter . . .!"

„Na, na, ich kann das verſtehen. Aber ein Mann in geſetztem Alter denkt anders. Die liebenswürdige Dorothee iſt, wie ich bei der Durchſicht der Familienpapiere geſehen habe, im Jahre 1765 geboren und demnach alſo in einem Alter . . . . wie geſagt, in einem Alter . . ." Herr Auguſt Friedrich wußte nicht recht, wie er die delikate Sache für die Ohren dieſes Kindes zurechtſchneiden ſollte.

Aber Ferdinand Bismarck hatte genug gehört. Er iſt wahrhaftig, wahrhaftig, wahrhaftig ganz des Teufels! wiederholte er in ſich. Mein Gott, was gibt es für Menſchen! Nun, ſo ſoll er die Geburtsanzeige meiner Schweſter heiraten!

Fortan war der kleine Amor von beſtrickender Liebenswürdigkeit, die, je länger, je mehr, Herrn Auguſt Friedrich mit der einzigen ſchlechten Eigenschaft der Demoiselle Dorothee aussöhnte. Die Fahrt verlief ohne jede weitere Störung, und die versöhnten Verwandten fuhren im heitersten Geplauder, das allerdings fast völlig auf die Kosten Ferdinands ging, Schönhausen entgegen.

So erreichte man Tangermünde.

Dort erwartete Carl Alexanders Wagen, eine zierliche kleine Staatskutsche, die Reisenden. Als der Knecht den jungen Herrn begrüßt hatte und ehrerbietig den Schlag für August Friedrich öffnete, war Ferdinand noch einmal für einen Augenblick betroffen.

„Mein Vater erwartet den Herrn Vetter?"

„Ich habe meinen Besuch angezeigt. Indessen ohne —"

„Ah, ich verstehe."

„Man will nicht mit der Tür ins Haus fallen. Es schien mir schicklich..." Herr August Friedrich brach ab. Es schien ihm offenbar schicklich, dem Kinde keine Erklärungen zu geben, die es nichts angingen.

Aber das Hirn des kleinen Amor war rastlos bei der Arbeit. Er sah ein Stück Eisen, das geschmiedet sein wollte. Und es mußte, koste es, was es wollte, geschmiedet werden.

Nach einer Weile tiefsinnigen Schweigens fing er mit gemachter Nachlässigkeit bedauernd an: „Aber, ach, das ist schade! Jetzt fällt mir ein, mein Vater ist zurzeit mit Leopold allein, Dorothee ist gar nicht in Schönhausen..."

"Oh!" bedauerte August Friedrich. "Wird die liebenswürdige Dorothee lange —"

"Ich komme ja selbst erst heute von Rathenow und weiß nicht, wie es in Schönhausen aussieht!"

"Schade, schade!" Herr August Friedrich fühlte sich verpflichtet, sehr melancholisch und enttäuscht auszusehen, obwohl es ihm gar nicht unlieb war, daß seine Kusine nicht daheim war. So konnte man ungestört das Notwendige sachlich unter Männern ordnen, wie er's liebte. Das andere würde sich dann wohl finden.

Der kleine Amor fühlte den Drang, den Enttäuschten zu trösten. "Aber was mich anlangt, Herr Vetter, ich werde gewiß dem Vater gleich sagen, daß er..." Der Schalk saß ihm in den Augen.

August Friedrich unterbrach erschrocken: "Nicht doch, nicht doch! Ich selbst werde bei schicklicher Gelegenheit..." Und ingrimmig setzte er für sich hinzu: sogleich, sobald als irgend möglich sagen, was zu sagen ist; das sollte mir passen, daß du Springinsfeld für mich den Freiwerber machst und allerlei auftischst und mit Sottisen verbrämst, was du unberufen aufgeschnappt hast!

Aber äußerlich war eitel Eintracht zwischen den Vettern.

Während sie schon durch die eintönigen Ackerbreiten des Schönhauser Grundes dahinfuhren, lächelte der kleine Amor unvermittelt seinen Begleiter an: "Weiß der Herr Vetter, wie er mir vorkommt?"

"Nun?" kam es mißtrauisch zurück.

"Wie weiland unser Großohm Alexander Wilhelm."

"So uralt?" versuchte Herr August Friedrich mit dennoch sichtlich gekränkter Eitelkeit zu scherzen.

"Beileibe!" komplimentierte der kleine Schwerenöter. "Kennt der Herr Vetter nicht die holdselige Liebesgeschichte des Großohms?" Und er erzählte mit guter Manier, während sein Vetter mit bis zum Ende unbesiegtem Mißtrauen, das eine wenig "holdselige" Pointe witterte, zuhörte. "Den Großohm, so hat mir mein Vater oft erzählt, haben die Franckeschen Schulmeister in Halle jahrelang in straffer Zucht gehabt, bis der Vater des großen Königs ihn dem Scholarchen aus den Klauen riß und zum Junker bei seinen Prinz Albertschen Reitern machte. Dort lebte der Junge, August Hermann Franckes Fuchtel entronnen, ein tolles Jahr. Da lädt den Verwilderten der Feldmarschalleutnant Treskow auf Neuermark ein, er soll christliche Patenstelle bei einem Töchterchen übernehmen. Und ein paar Tage darauf hält der Junker in der stillen Dorfkirche das Kindlein über den Taufstein, und es erhält den Namen Sophie Wilhelmine. Da, während er mit seinen Bärenhänden, die des Becherlupfs und Raufdegens besser gewohnt sind, das fromme, reine Kindlein über den Gnadenbrunnen hält, spürt er ein wundersames Rühren. Er fühlt mit inniger Wehmut, daß er nichts Reineres und Feineres in Händen hielt, seit er zuletzt seiner Mutter Hände drückte. Er fühlt, wie von dem unschuldigen Körperchen des lieblichen Mädchens ein guter, stiller Strom reiner Kraft in seine wüsten Hände rinnt, und er möchte das Kindlein halten und nicht aus den Händen geben. Und wie er's innig anschaut, spürt er, wie eine breite Aureole lichten Sonnenstaubs ihn und das Kindlein umflirrt und von den anderen scheidet, die im Schatten sitzen. Da beugt er sich nieder zu dem Täufling und sagt ganz leis: ‚Kindlein, es ist unser Brautschleier!' Und geht nach der Taufe zum Vater und sagt: ‚Eure Sophie Wilhelmine habe ich liebgewonnen. Kommt Zeit, so wird sie mein Weib und keine andere.' Der Treskow lacht auf und macht einen Scherz daraus. Aber fünfzehn Jahre darauf legt im stillen Kirchlein der Pastor, der das Kind getauft, die Hand der Sophie Wilhelmine in die ihres Paten."

„Aimable erzählt!" lachte August Friedrich. „Ich nehm's als Omen." Im stillen aber dachte er: Wer weiß, was für ein Märchen sie in Jahr und Tag von mir und der Dorothee erzählen! Ich wette Hals und Kragen, der Großohm war ein praktischer Mann, der weniger gefühlt als gerechnet hat. Wer zuerst kommt, mahlt zuerst — er hat recht gehabt. Wie fromm übrigens der Racker sein Märlein erzählt! Man sollte meinen, er trübe kein Wässerlein . . .

Weiter ging's durch Kiefern und Heide, Wiesenland und Ackerboden. Näher und näher kam der massige, straßenbreite Turm der Dorfkirche von Schönhausen. Das Gespräch der beiden Reisenden wurde nüchtern und landwirtschaftlich.

Nun bog der Wagen in die breiträumige Dorfstraße ein. Ein Weilchen darauf blafften und kläfften die Hunde des Herrenhauses, dessen schlichte Fassade mit ihrem Eindruck ruhiger Würde doch das Herzklopfen August Friedrichs nur mehrte. Und jetzt trat ein schlanker, älterer Herr, die Augen mit der Hand schattend, aus der Tür. Das war Herr Carl Alexander.

Aus dem Hinterhalt des Hofes aber brach ein wildes Freudengeheul: „Hurra! Hurra! Unser kleiner Dicker ist wieder da!", und ein dem kleinen Amor etwa gleichaltriger Junge stürzte sich mitten unter den jubelnden und kläffenden Kötern dem Wagen entgegen.

„Leopold!" rief der kleine Reisende, alle Würde vergessend.

„Dicker! Dicker!" jauchzte Leopold zurück.

Der Wagen hielt vor der Rampe. Mitten in dem auch dem Vater unentwirrbaren Knäuel der Brüder und ihrer Hunde fand eine gravitätische Begrüßung zwischen Herrn August Friedrich und dem Hausherrn von Schönhausen statt.

Herr Carl Alexander war nicht wenig erstaunt, als ihn sein Gast noch zwischen Tür und Angel mit gemessenem und feierlichem Ernst um eine Unterredung unter vier Augen bat. Seinen scharfen Augen war nicht entgangen, daß der Jarchliner Vetter bei seiner Bitte den Junker Ferdinand mit einem wenig freundlichen Seitenblick streifte, und ebensowenig übersah er, daß das Brüderpaar in einer dunklen Ecke der Torfahrt eifrigst über irgendeine Spitzbüberei zu tuscheln hatte.

So erwartete er, daß August Friedrich über seinen jungen Reisebegleiter zu klagen hätte. Eine Falte drängte sich zwischen seine Augen, als er während des Treppensteigens sagte: „Ich will nicht hoffen, daß Ferdinand gar Anlaß zu . . ."

Aber Herr August Friedrich winkte eifrig ab. Nicht doch, nicht doch, Herr Onkel!"

Der andere schüttelte leise den Kopf und ließ seinen Gast in sein Arbeitszimmer eintreten.

Herr August Friedrich hatte Muße gehabt, sich seine Rede zurechtzulegen. Doch es irritierte ihn, daß er sie früher, als er geglaubt hatte, an den Mann bringen mußte. Aber aus dem Hof tönte das Lachen des Brustkindes, und er fühlte, er mußte ins Feuer, ehe es zu spät war.

So gab er sich einen Ruck, der seine hagere Gestalt straffte, und schlug, da er es für ziemlich erachtete, seinen Antrag stehend vorzubringen, mit nachdrücklicher Höflichkeit den angebotenen Stuhl aus.

„Die Verhältnisse, Herr Onkel, zwingen mich, mit vielleicht unschicklicher Hast von delikaten Dingen zu reden, deren Erörterung einer günstigeren Stunde vorbehalten sein sollte. Aber, wie gesagt, die Verhältnisse . . . ich wollte sagen, gewisse Umstände und Zufälle . . ."

Er fühlte, daß er sich verhaspelte, und der Schweiß trat ihm auf die Stirn. Aber, gottlob, in dem Gesicht des alten Herrn unter dem schlicht gewellten und leicht gepuderten Haar ihm gegenüber sah er keinen Abglanz der Spottlust seines Sohnes, sondern nur ruhiges, freundliches Zuwarten. In diesem Augenblick war ihm sein Schwiegervater sehr sympathisch, und er sah vertrauensvoll in das bartlose, ehrbare Gesicht mit den klugen, stillen Augen.

So fuhr er fort: „Der Zufall hat es gefügt, daß des Herrn Onkels liebenswürdiger Sohn mein Reisebegleiter im Postwagen war und dadurch Zeuge gewisser bedauerlicher Indiskretionen über den Zweck meiner Reise wurde, die mich nun nötigen, von besagten Zwecken so bald als möglich zu reden, ehe sie durch kindlichen Unverstand vielleicht entstellt zu den Ohren des Herrn Onkels kommen möchten."

„Und diese besonderen Zwecke, die mir die Freude verschaffen —?" half Herr Carl Alexander freundlich weiter.

Die Stunde war da, und Herr August Friedrich war ihr gewachsen. Er beichtete. Er gab in gewählten Ausdrücken einen Abriß seiner bisher einschichtigen Lebensfahrt und berichtete umständlich von den Ratschlägen der Jungfer Ballerstedtin und seinen eigenen weiseren Erwägungen und Bedenken. Insgeheim tat er sich etwas Besonderes darauf zugute, daß er als praktischer Mann den Onkel von seiner gefühlvollen Seite zu nehmen wußte und auf den klugen Gedanken gekommen war, die Lektüre des Ehrendenkmals als Hauptanreiz hinzustellen, sich selbst eine ebenso wohlgebildete, aufgeweckte, zärtliche, vernünftige, tugendhafte Lebensgefährtin zu suchen.

„Und wo," fuhr er, ohne den entgeisterten Ausdruck des anderen zu bemerken, mit pathetischem Schwung fort, „wo konnte ich eine solche Freundin besser und sicherer finden als im Hause des Herrn Onkels, in der erblühten Tochter der unvergleichlichen Mutter, in des Herrn Onkels liebenswürdigem Kinde Dorothee Sophie..."

„Halten Sie ein!" rief Carl Alexander mit angstvoller Gebärde und legte seinen Arm auf die rhetorisch erhobene Rechte des Neffen.

Aber August Friedrich war im Zuge und fuhr mit salbungsvoller Leidenschaft fort: „Keine falsche Bescheidenheit bei solch — ich darf wohl sagen, weltkundig gewordenen Vorzügen! Ich bin, ermutigt durch unsere verwandtschaftlichen Beziehungen hierhergekommen, um die Gnade zu erbitten, mich der liebenswürdigen Dorothee nähern zu dürfen..."

„Halten Sie ein! Um Gottes willen, halten Sie ein, Vetter!" keuchte der alte Herr und schloß seinem Gaste gebieterisch den Mund.

August Friedrich starrte, durch die unerwartete Wirkung seiner feurigen Werbung völlig aus dem Gleise geworfen, auf seinen Onkel. Er sah in diesem Augenblick vollkommen blöde aus. Und da auch Herr Carl Alexander hoffnungslos nach Luft rang, so ging, wie man sagt, ein Engel durchs Zimmer. Aber es war ein Engel des Verderbens.

Endlich hob August Friedrich etwas kläglich wieder an: „Ich verstehe, ich verstehe — meine ombrageuse Leidenschaft läßt mich in des Herrn Vetters Augen leichtfertig erscheinen, wohl gar —"

Doch jetzt ermannte sich der Hausherr und rief energisch, indem er beide Hände auf die Schultern des unglücklichen Freiers legte: „Um Gottes willen, schweigen Sie, August Friedrich! Mit dem verwünschten Bengel, dem Ferdinand, werde ich abrechnen. Aber wahrhaftig, Ihr sonderbarer Einfall macht Sie gleichfalls schuld an einer so beklagenswerten Irrfahrt. Kurz und gut, es muß einmal gesagt sein, und alle Rücksichten helfen nichts! Sie sagen, daß die Lektüre meines Büchleins Sie zu dem Entschlusse geführt hat, hierherzukommen . . .?"

Herr August Friedrich nickte heftig und zog zur Bekräftigung mit einer hilflosen Bewegung das blauseidene Büchlein aus seinem Mantel.

„Nun, Unglücklicher, so wünschte ich, dieses Buch wäre Ihnen nie zu Gesicht gekommen, oder Sie hätten es gründlicher gelesen. Aber da es Sie nun einmal zu dieser Unbedachtsamkeit verlockt hat, so mag es selber sagen, was ich doch nicht schicklich und schonend vorbringen kann... Und Herr Carl Alexander schlug mit einer halb ärgerlichen, halb verlegenen Hast sein Schriftchen vor dem verdutzten Neffen auf. „Hier Seite 36! Lesen Sie und begreifen Sie meine Verlegenheit!"

Und August Friedrich las: „1764 verloren wir unsern zweeten Sohn, ein gesundes, wohlgestaltetes Kind, an einem Stickfluß, und 1765 eine

Tochter, die einzige, die wir gehabt haben, im zarten Alter von acht Wochen..."

Herr August Friedrich blickte jäh auf. Er war bleich wie ein Laken. Seine Lippen waren schmal und kreidig geworden. Seine Augen aber, seine Augen sahen aus, als wären sie gefroren.

Zu sagen und zu denken wußte er nichts. Aber vielleicht ging ihm in dieser Stunde die Allmacht des Gefühls auf. Der Unterschied zwischen Lächerlichkeit und empfundener Lächerlichkeit war ihm wie mit einem Donnerschlag offenbart.

Und er war wehrlos. Er hatte sich dieses Bad der Schande selbst angelassen und selbst temperiert.

„Es ist..." gurgelte er, aber er wußte selbst nicht, was war und werden sollte. Auch der Herr Onkel wußte nicht recht, wie er ihm zu Hilfe kommen könnte. Aber plötzlich kam er auf einen guten und hilfreichen Gedanken. Er sagte freundlich: „Entschuldige mich auf einen Augenblick, lieber August Friedrich", und ging leise aus dem Zimmer.

Der Zurückgebliebene empfand die zarte Rücksicht nicht. Aber instinktiv sah er die letzte, wenn auch schimpfliche Rettung aus dieser Hölle der Empfindungen — die Flucht. Er stopfte, ohne zu wissen, was er tat, das von den Tränen der Jungfer Ballerstedtin benetzte Ehrendenkmal seiner Schande in die Tiefe seiner Manteltasche und sprang, daß der Puder aus dem Haarbeutel stob, wie von Furien gejagt die Stufen der Treppe hinab, die er mit so kühnen Hoffnungen bestiegen hatte.

Mit fliegenden Schößen eilte er über den Schloßplatz. Das letzte, was er sah, war dies: Leopold und Ferdinand schossen Kobolz und stöhnten vor unterdrücktem Gelächter. Bald staken die Beine, bald die Arme in der Luft, und der Staub wirbelte auf.

Herr August Friedrich bezwang heroisch den leidenschaftlichen Drang, dem exponiertesten Körperteil des kleinen Amor, der unweit von ihm in unbändigem Uebermut zwischen Himmel und Erde voltigierte, einen gesalzenen Jagdhieb zu applizieren ... Die Flucht duldete keinen Aufenthalt. —

Droben aber am Fenster seines Arbeitszimmers stand Herr Carl Alexander und sah dem Davonstürmenden mit einem halb wehmütigen, halb nachsichtigen Lächeln nach. Dann hörte er drunten den orgiastischen Jubel seiner Jungen. Er öffnete das Fenster. Ein scharfer Pfiff, und drunten wurde es still. Der alte Herr sah leise lächelnd gegen den abendlichen Frühlingshimmel. „Holde, entschwundene und doch so innig nahe Freundin", flüsterte er, „mache ich mich deiner unwürdig, wenn ich heute lächle, wo wir vor Jahren gemeinsam weinten? Aber nein, du zürnst mir nicht! Du hältst droben über den rosigen Wolken unser rosiges Kindlein in deinen süßen Armen und belächelst die Torheiten der Lebenden wie ich."

So kostete Herr Carl Alexander Selbstvorwürfe und freundliche Tröstungen, bis es ruhig und still in ihm wurde. Lange noch betrachtete er mit stummem Entzücken eine schwere, massige Wolke. Ihr tiefes Dunkel widerstand der Taufe durch die inbrünstige Glut der Abendsonne und ließ sich nicht von ihrem Licht durchtränken; aber der leichte Wolkendunst, den der segende Frühlingswind von ihr löste und über den Himmel blies, war ganz voll von ihm, und dieser rosige Lichtrauch, der aus der schwarzen Wolke über der verschleierten Welt bebend und zerfließend hinstob, war unsagbar schön wie der Atem des Göttlichen. Über diesem holdseligen Wolkenwunder vergaß der alte Herr den wunderlichen Kauz, der seine Beschaulichkeit gestört hatte. —

Kurze Zeit darauf trat Junker Ferdinand mit einem halb scheuen, halb schalkhaften Blick ins Zimmer. Aber er wußte nur von neuen Büchern und Noten zu erzählen, die er dem Vater zum Osterfeste mitbrachte.

Und Herr Carl Alexander lächelte sein leises, gutes, verstehendes Lächeln.

Die Lützower in Schönhausen.

Die Führer der schwarzen Schar — so nannte sich das Jahnsche Bataillon der Lützower Jäger — saßen mit Herrn Ferdinand von Bismarck*) und seinen Damen im älteren der beiden Herrenhöfe von Schönhausen zu Tisch. Es war im Mai des Jahres 1813, als der Kriegsgott nach den ersten blutigen Frühlingsschlachten gleichsam Atem holte, ehe er sich über den deutschen Landen ausraste. Die Lützower nutzten den mit Napoleon geschlossenen Waffenstillstand zu freiwilligen Rekrutierungen in den altpreußischen Landesteilen. In Schönhausen, dem einzigen preußisch gebliebenen Winkel der Altmark, strömte die kriegsbegeisterte Jungmannschaft von beiden Seiten des Elbstroms wie in einem Sammelbecken zusammen.

Es war ein erlesener Kreis, der sich an dem Bismarckschen Tisch zusammengefunden hatte. Ludwig Jahn, der Kommandeur der schwarzen Schar, hatte sein ständiges Quartier im Herrenhofe. Das buschige, germanische Patriarchenhaupt

---
*) O. v. Bismarcks Vater.

des Turnvaters wirkte fast urzeitlich=mächtig über dem düsteren Schwarz des Waffenrockes, auf den der Schnee seines Haupthaars und Bartes niederwallte. Der schlanke Jüngling in der knapp= sitzenden, schwarzen Litewka ihm zur Seite war sein liedergewaltiger Helfer Theodor Körner, sonst bei dem greisen Ortsgeistlichen Petri ein= quartiert, aber heute mit dem zur feierlichen Ein= segnung der neuen Freiwilligen herübergekom= menen Major von Lützow zur Tafel gezogen.

Lützow selbst führte die schlanke, blonde Frau Wilhelmine*) zu Tisch. Der Gutsherr, ein jovialer, breitschultriger Mann mit vollem, ge= sundem Gesicht, saß neben der vom zweiten Herrenhofe herübergekommenen Frau seines Vetters Friedrich, der selbst in der Freischärler= uniform — er hatte eine ganze Kompagnie selbst= ständig zusammengebracht —, ein noch nicht dreißigjähriger, sonnengebräunter Stürmer, neben dem männlich ernsten Friedrich Friesen seinen Platz hatte.

Der Mittagstisch bot trotz der festlichen Ge= legenheit ein Bild prunkloser und fast spartani= scher Schlichtheit. Das Tafelsilber war in die Kassen des Vaterlandes gewandert und hatte dürftigem, bürgerlichem Hausrat Platz gemacht. Die schmucklosen schwarzen Dolmans und Litew=

---

*) O. v. Bismarcks Mutter.

ken mit ihrer sparsamen Silberverschnürung und den tiefroten Aufschlägen stimmten zum Ernst. Nur die hellen Kleider der beiden jungen Frauen und die strahlenden Augen der Männer hauchten frische Festlichkeit über die Tafelrunde.

Frau Wilhelmine von Bismarck erzählte. Die blauen Augen unter dem blonden Haar strahlten lebhaft und bisweilen in einem fast ekstatischen Feuer. Der Zug nervöser Abspannung, der sonst oft auf dem feinen, durchgeistigten Gesicht lagerte, war verschwunden. Sie sprach mit einer sprühenden, geistreichen Lebhaftigkeit, und die Intensität, mit der sie das Erzählte gleichzeitig durchlebte, verriet sich in dem leichten Ab- und Zuströmen des Blutes in dem weißhäutigen Gesicht und dem Wallen und Schwinden einer dunkleren Glut in den Augen. Die Erscheinung der schlanken Frau in dem gräzisierenden Kleid mit hoher, unter dem Busen gegürteter Taille und dem flachen Brustausschnitt hatte etwas auffällig Fremdartiges, zumal, wenn man sie mit der jungen Frau Charlotte verglich, die den landläufigen Typus der hausfraulich-stillen, sorglichen und würdigen Gutsfrau sympathisch repräsentierte. Frau Wilhelminens Erscheinung hatte nichts Ländliches, sondern zart, städtisch und sensibel, schien sie eher ein verwöhnter Gast als Hausfrau zu sein, trotz oder vielleicht gerade wegen der selbstverständlichen Leichtigkeit, mit der sie den Kreis beherrschte. Es wehte um sie etwas wie der Duft großstädtischer Salons und weltmännisch-geistreicher Causerie. Wie sie mit Grazie und ungesuchter Würde aller Augen auf sich vereinigte, hatte sie durchaus etwas von einer cerclehaltenden Fürstin.

Sie erzählte von den Schicksalen ihres ältesten Schwagers, des Herrn Ernst von Bismarck, die sich in jenen Tagen auf eine erschütternde Weise verwirrt und wieder entwirrt hatten. Es war recht eine Unterhaltung für ihre Gäste, die in kurzem hinausziehen sollten, Blut und Leben für die Ideale des Vaterlandes und der Freiheit in die Schanze zu schlagen.

„Denken Sie sich den Bruder meines Mannes als einen schwerblütigen, ernsten Mann von fünfzig Jahren, groß, aufrecht und still. Und stellen Sie sich vor, wie er am Abend des dritten Mai einsam über das Geländer der Havelbrücke von Rathenow gebeugt steht und seines Jungen gedenkt, der ihm von sechs Kindern als letztes geblieben. Den Tag zuvor hat der Jüngling, wie der Vater weiß, bei Großgörschen als Leutnant mit der Garde des Königs gefochten; seitdem fehlt alle Kunde von ihm. Der grauhaarige Mann starrt in das dunkelnde Wasser, von dessen ziehenden Wellen ein kühler Anhauch zu ihm heraufweht, und gedenkt aller seiner Kinder. Der Toten und der Lebendigen. Er gedenkt der toten

Frau, die in der Blüte der Jahre starb, gedenkt zweier früh verstorbener Lieblinge und zweier totgeborener Kinder, gedenkt seines Eduard, der ein Jahr zuvor, achtzehnjährig, als Fähnrich in Rußland bei Ostrowo verbluten mußte ... und sein Schicksal durchfröstelt ihm das Mark. Er zieht einen Zettel aus der Brusttasche und glättet ihn auf dem Brückengeländer. Zum hundertsten Male durchliest er die flüchtig beim Ausmarsch auf ein Notizblatt gekritzelten Grüße seines Theodor. Er ist der Letzte, denkt er, und der Gedanke ist schwer wie ein aus dem Herzen gestöhntes Gebet. Da tritt von hinten ein fremder Mann an ihn heran und legt ihm die Hand auf die Schulter. Er wendet sich um und sieht eine bestaubte Uniform und ein todernstes Gesicht voller Mitleid. Da sieht er sein Schicksal. Und dann hört er's auch. Sein Theodor ist bei Großgörschen gefallen. Eine Kugel in der Stirn. Der Letzte ... Der Alte steht und rührt sich nicht. Der Unglücksbote starrt verlegen auf den barhäuptigen Graukopf, der die Hände in das Brückengeländer gekrallt hat und mit unbewegtem Gesicht auf einen Zettel stiert, von dem rieselnder Regen die Schrift zu verlöschen beginnt. Endlich wendet sich der geschlagene Mann zu dem Jäger und zeigt ihm das Blatt, auf dem nichts mehr lesbar ist: "Da stand es: ‚Theodor' ... nun ist es ausgelöscht." Der Fremde sieht das leere Blatt und sieht das Blut unter den Nägeln der Finger, die das Blatt halten und die sich bisher in das Holz der Brückenbrüstung gegraben hatten, hervorsickern, und es grauft ihn. Der Alte steht vor ihm, der kühle Wind vom Wasser spielt in seinem grauen Schopf, sonst rührt sich nichts an ihm. Jetzt zeigt er wieder auf das verwaschene Papier: „Nun muß ich selbst etwas anderes daraufschreiben. Schicken Sie das meinem Bruder Ferdinand nach Schönhausen!" Und er schreibt: „Lieber Bruder, mein Theodor ist bei Großgörschen geblieben. Der König soll keinen Bismarck weniger unter den Fahnen haben. Ich gehe nach Berlin und trete statt seiner in Dienst. Dein Bruder Ernst." —

Frau Wilhelmine erzählte bei aller vibrierenden Erregung mit einer klassischen Ruhe in Ausdruck und Haltung, deren tragische Wucht schwer über der Tischgesellschaft lastete. Jetzt hob sich ihre Brust, und ein frischerer Klang durchwehte ihre Stimme und erlöste die Hörer von ihrer schmerzlichen Beklemmung.

„Und währenddessen dämmert Theodor von Bismarck auf einem schüttelnden und stoßenden Bauernkarren, auf den man den armen Jungen für tot gehoben hat, fast verschüttet unter sterbenden Leidensgefährten, bewußtlos vor sich hin. Und erwacht mit einem Male von einer zaghaften Berührung seiner Hand aus der Ohnmacht.

Ein steinaltes Mütterchen starrt dem kalkblassen Jungen barmherzig in das blutüberströmte Gesicht und steckt ihm einen abgegriffenen Sechser in die schlaff herabhängende Hand. So erwacht der Totgeglaubte zum Leben, von dem Liebesopfer des Mütterchens zugleich an die Zeit gemahnt, in der er lebt."

„Und er lebt?!" rief Theodor Körner mit ungestümer Lebhaftigkeit.

„Halten Sie mich", gab die schöne Frau dem Dichter lächelnd zur Antwort, „für einen so schlechten Erzähler, daß ich am Ende eine Hoffnung errege, die nicht stichhält? Ja, er lebt. Man hat ihm die Kugel aus der Schläfe gezogen, und er wird die kommenden Schlachten Seite an Seite mit seinem grauen Vater schlagen dürfen."

„Auch der Vater bleibt unter den Fahnen?" rief Körner erfreut. Der alte Jahn sah den Jüngling fast grimmig an: „Kann er anders? Muß er nicht spüren, daß es den deutschen Gott versuchen hieße, wollte er ihn verlassen, der ihn so wunderbar belohnte?"

Das Gespräch wurde allgemein, doch liefen fast alle Fäden der Unterhaltung in Frau Wilhelminens Hand zusammen. Der junge Körner war dem schöngeistigen Berliner Diplomatenkreise, dem sie entstammte, kein Fremder, und sie zog ihn gewandt in ein munteres Gespräch über das Wiener Theater und seine Beziehungen zur Hofburg. Mit Friedrich Friesen, der ihr als Erzieher an der Plamannschen Knabenanstalt in Berlin bekannt war, führte sie einen pädagogischen Diskurs über die Erziehung zum heroischen Ideal. Alle Gespräche aber mündeten in die große Frage der Zeit aus, die man eben gemeinsam erleben ging.

Erinnerungen schwerer Leidensstunden und befreiender Erhebung wachten auf, Tote wurden beschworen und wurden in der seltsam vibrierenden Luft dieser Stunde fast körperlich gegenwärtig und lebendig in der Vertraulichkeit des Freundeskreises, dem sie längst entrückt waren.

Auf Herrn Ferdinand von Bismarck, der einst als Rittmeister nach dem ruhmlosen Basler Frieden den Rock seines Königs ausgezogen und dem Stande entsagt hatte, dem er nach seinen eigenen Worten leidenschaftlich ergeben war, hatte in all den schweren Leidenstagen der Monarchie das Gefühl gelastet, daß er in der Kraft seiner Mannesjahre Not und Niedergang Preußens als Privatmann durchleben mußte. Jetzt endlich saß er wieder in der aufdämmernden Schicksalsstunde des Volkes, durch das Vertrauen seines Königs mit der Organisation der Landwehr des Kreises beauftragt, als Kamerad unter Kameraden. Und das Herz ging ihm auf.

Er wurde gesprächig und erzählte von überstandenen Kriegsnöten und Gefahren. Er sprach davon, wie nach dem Verhängnis von Jena die Franzosen jäh in die Stille Schönhausens gebrochen waren und als Vandalen in seinem Hause gewütet hatten, wie er sein junges Weib in die Öde eines Erlenbruchs geflüchtet und dort mit ihr eine bange Herbstnacht unter freiem Himmel durchwacht hatte, wie sie dann, heimkehrend, selbst den alten schönen Stammbaum, der im Treppenhause aufgehängt war, von Säbelhieben zersetzt fanden. Mit einer gewissen behaglichen Freude an überstandenen Sensationen verweilte er bei der Schilderung der Strapazen und ingrimmigen Zornstunden.

Lützow beobachtete während der Erzählung des Hausherrn unwillkürlich Frau Wilhelmine, die neben ihm saß. Ihre Brauen waren leicht zusammengezogen, die weiße Hand spielte unruhig an der Agraffe des Busenausschnittes, und ihr Gesicht war kalt und abweisend, als spüre sie noch in der Erinnerung den Anhauch des Ordinären, das einst nach ihr gegriffen hatte. Bei der tiefen Dankbarkeit, die ihn aus früheren Tagen mit der schönen jungen Frau verband, gab er rasch dem ritterlichen Drange nach, sie der Erinnerung an durchlittene Peinlichkeiten und desolate Stimmungen zu entreißen. Er riß die Unterhaltung an sich und erzählte, wie er im Mai vor nun fast genau vier Jahren bei der unglücklichen Schillschen Erhebung schwerverwundet von seinem jungen Kameraden Friedrich von Bismarck aus dem Gefecht von Dodendorf über die Elbe nach Schönhausen gerettet wurde.

Leuchtenden Auges sprach er davon, wie weder der Hausherr noch seine junge Frau eine Sekunde gezögert hatten, den todwunden, versemten Mann, hinter dem die Achtbriefe des Kaisers herschwirrten, bei sich zu bergen und zu pflegen, und wie er doppelt zu neuem Leben erwacht sei unter diesen Menschen, in deren Hause die Manen Prinz Louis Ferdinands und anderer Preußenhelden heimisch waren und Gastrecht genossen gleich ihm selbst.

Mit einem Male gewahrte er, daß die stille junge Frau Charlotte von Bismarck während seiner Schilderung vergeblich mit den Tränen kämpfte, die ihr unter den blassen Händen hervorrannen. Er brach betroffen ab und sah fragend und gleichsam um Entschuldigung bittend auf Frau Wilhelmine.

Da nahm sie das Wort. „Sie haben, lieber Major, ohne es zu wissen, vor einer Mutter den Namen ihres toten Kindes genannt, als Sie den Namen Ferdinand von Schill aussprachen."

Frau Charlotte schluchzte auf und ging leise aus dem Zimmer, um Fassung zu gewinnen. Friedrich von Bismarck erhob sich und ging ihr nach.

„Wie ist das möglich?" fragte Lützow betroffen.

„Sie werden sich erinnern," fuhr Frau Wilhelmine fort, „daß Vetter Friedrich Sie seinerzeit in unserem Hause verbarg, nicht nur, weil Sie in seinem eigenen vor französischen Spürhunden weniger sicher gewesen wären, sondern auch, weil seine junge Frau in jenen Tagen der Geburt eines Kindes entgegensah. Das Kind war ein Knabe und wurde am letzten Maitage jenes unseligen Jahres getauft. Schill war unter den Paten des Kindes, und es empfing den Namen Ferdinand Schill von Bismarck."

„Großer Gott!" entfuhr es Lützow, „am letzten Maitage, sagen Sie? Am 31. Mai starb unser Schill auf dem Pflaster von Stralsund den Märtyrertod!"

Eine tiefe Stille trat ein, als diese Worte gefallen waren.

Endlich nahm Frau Wilhelmine wieder das Wort: „Da Sie, ohne es zu wissen, an jene seltsamen und erschütternden Dinge rühren, von denen Sie keine Kunde haben, so will ich Ihnen von jener Taufe und dem blutigen Paten des armen Kindes in Kürze erzählen. Was ich berichte, will schlecht zu unserer aufgeklärten Zeit stimmen, und doch müssen wir uns, ohne abergläubisch zu sein, bescheiden, es als Ausfluß geheimer Wirkungen und hellsichtiger Ahnungen zu nehmen, deren Schauer wir, zwischen Gläubigkeit und Grauen erbebend, auch wohl zuweilen im eigenen Blute fühlen.

Als wir, eine kleine, erschütterte Gemeinde, an jenem Mittage um den Taufstein in unserer stillen Dorfkirche standen und der Prediger mit unwillkürlichem Beben der Stimme den Namen aussprach, dessen Träger fern von uns in eben der Zeit seinem unentrinnbaren Todesverhängnis entgegengehen mußte; wie wir alle wußten, als er den todgeweihten Namen leise wie einen Segen und eine Pflicht über das nackte Knäblein aussprach, da durchrann uns wohl alle ein Schauer. Um so größer war unser Schreck, als plötzlich mitten unter uns die Tochter des Geistlichen, Emilie Petri, ein stilles, liebes Kind, mit verstörtem Gesicht entsetzensvoll aufschrie und ohnmächtig zusammenbrach. Dem Vater, der, während die Mutter sich um die Tochter bemühte, die feierliche Handlung beendet hatte, gestand sie, als sie nach Stunden in ihrem Bette Bewußtsein und Ruhe wiedergefunden hatte, sie habe in jenem Augenblick eine furchtbare Erscheinung gehabt, bei der ihr das Blut in den Adern gefroren sei. Aufschauend, habe sie plötzlich zwischen Altar und Taufbecken, als der Vater den Namen Ferdinand Schill aussprach, einen todblassen, blutigen Mann in blauem, goldverschnürtem Rock stehen sehen, der mit erhobener Hand unbeweglich auf das Kind geblickt habe und plötzlich in Nichts zerronnen sei.

Wir haben uns die Vision des Mädchens, so gut es ging, aus dem seltsam exaltierten Seelenzustande, in dem wir uns sämtlich befanden, zu erklären gesucht. Aber wir wurden doch alle von einem schaudernden Gefühl durchkältet, als wir kurz darauf erfuhren, Schill habe an eben jenem Tage, vielleicht in derselben Stunde, seinen blutigen Tod erlitten, als das Kind auf seinen Namen getauft wurde."

Frau Wilhelmine hatte kaum geendet, als aller Blicke sich unwillkürlich auf Theodor Körner richteten, der bei den Worten der Frau von Bismarck, jäh erblassend, aufgesprungen war und sie verstört anstarrte.

„Mein Gott!" rief er mit einer Stimme, die in der Erregung durch das scheinbar Widernatürliche brüchig klang, „mein Gott, wo habe ich meine Sinne gehabt?! Er war es! Kein Zweifel, es war Gesicht und Gestalt Schills!"

Der alte Jahn zog den Jüngling auf seinen Stuhl nieder und sagte mit barscher Herzlichkeit: „Was gibt es, Körner? Sie erschrecken uns alle, was haben Sie?"

Aber der Dichter hörte kaum, was der andere sagte, er befreite sich sprudelnd von dem Entsetzen, das ihn sichtlich in Bann hielt, und stieß hastig hervor: "Emilie Petri — ich kenne sie wohl, sie ist die Tochter meines Quartierwirts ... Sie stand neben mir heute, während unsere neuen Freiwilligen in der Dorfkirche eingesegnet wurden und auf die Offiziersdegen schworen. Sie fiel mir auf durch die wächserne Blässe ihres Gesichts, schon als unter Orgelklang mein Lied ‚Wir treten hier im Gotteshaus ...‘ brausend den kleinen Raum füllte, aber ich schob es auf die Erregung der Stunde. Ich sah sie zittern und wollte auf sie acht haben, aber die Erschütterung der Szene überwältigte mich. Ich vergaß sie. Ich hörte die Orgel dröhnen. Ich empfand die Schwurgewalt des Schweigens, als das Lied verhallte: ‚Es soll der Freiheit heil'ge Glut in allen Herzen flammen! Wir ziehn in Kampfes Ungestüm, Gott ist mit uns und wir mit ihm, dem Herrn allein die Ehre!‘ Ich sah die hundert Jünglingsgesichter, durchsichtig vor Ergriffenheit und Todesbereitschaft, ich sah die Greisenantlitze zucken. Ich fühlte mich der schwarzen Schar und ihren Führern inniger, unlöslicher verbunden als je ... Da stand unser großer Jahn, da Lützow, da Friesen, ich fühlte mich selbst kaum mehr, oder doch zugleich und stärker in ihnen allen, die mit weißen Gesichtern und heißen Augen im schwarzen Waffenrock um mich standen, ich hörte die Glocken mächtig erdröhnen, göttliche Hammerschläge, die uns die

Todesentschlüsse gewaltiger und tiefer in loher Herzglut ins Innerste schmiedeten ... Die bloßen Degen der Offiziere flogen aus den Scheiden und kreuzten sich vor dem Altar, und hundert junge, lebendige Menschenhände lagen auf dem dunklen Stahl, schimmernd wie weiße Blütenfülle ... Ich hörte den Kriegsschwur von zuckenden Lippen, ‚nicht eher zu ruhen und zu rasten, bis der letzte Franzmann über den Rheinstrom gejagt ist'.... Ich hatte Emilie vergessen.

Da plötzlich, im feierlichsten Augenblick, bei einem unbewußten Schweifen des Auges durch den Raum, sah ich sie wanken und an der hölzernen Bank Halt suchen. Ich sah ihr besorgt ins Gesicht, das unirdisch erschüttert war und unter starrenden, brennenden Augen wie im Tode verfiel. Ich folgte, sie unauffällig stützend, dem starrenden Blick ihrer Augen und sah ... halten Sie mich immerhin für toll ... ich sah, was sie, wie ich nun weiß, auch sah ... Hinter den Offizieren, zwischen Altar und Taufkanzel, stand er, stand der blasse, blutige Mann im blauen Husarenrock ... Erst wie ich die Augen, jäh erschrocken, weit aufriß, wich die Erscheinung zerfließend zurück, und ich sah wie durch einen Schleier hindurch nur noch das Bild des Gekreuzigten an der Altarwand ...

Ich glaubte bis jetzt an einen Sinnentrug, den ich allein erlebt habe ... jetzt höre ich, auch sie hat ihn gesehen . . . es war Schill, der als Pate unter uns war!"

Alle schwiegen, und kaum einer konnte sich des Grauens erwehren, das ihnen kalt die Herzgrube füllte. Jahn machte sich zuerst von der allgemeinen Erstarrung frei. „Wäre das alles leibhaftig und wesenhaft, ich wüßte mir keinen besseren Paten als ihn! Aber, junger Freund, ich glaube, wir müssen uns sagen, das Mädchen sah, was sie zu sehen fürchtete, und sah's, eben weil sie's nicht sehen wollte, und weil ihr davor graute, und auf Ihr fieberndes Herz sprang die Vision wie ein Brand von Baum zu Baum über, weil Ihr erschüttertes Herz der rechte Boden war . . . Ob und wie das möglich ist, mögen Stubenhocker ergründen. Es war so. Und so ist es recht: Todesschauer und Ergriffenheit über uns wie Wolkenschatten, lechzende Kampfessehnsucht und Berserkerzorn um uns als schäumende Sonnenfülle — so ist es die rechte Stimmung für Menschen, die vor einem Gottesgericht beieinandersitzen wie wir hier. Und führt uns der Pate zum Tode — es wird, das wissen wir, kein vergebliches Blutopfer sein wie das unseres tollkühnen Schill!"

Er brach ab. Frau Charlotte trat eben wieder am Arm ihres Gatten ein.

Frau Wilhelmine erhob sich. Sie empfand, die Stimmung dieser kostbaren Stunde war keiner Steigerung mehr fähig. Die Herren folgten ihr ins Freie.

Da stand die schlanke junge Frau vor ihrem Hause unter den Bäumen des Parks und blickte hinüber nach dem massigen Turm der Dorfkirche, der sich schwer und wuchtig aus dem Maigrün zum Himmel reckte. Sie stand erhobenen Hauptes in dem geradlinig fließenden Gewande still wie eine helle Statue, die Finger der beiden Hände ineinandergeschränkt und die Handflächen zur Erde gekehrt. Und so rannen ihr die Worte von den Lippen: „In welch einer Zeit leben wir! Es ist, als ob die Menschheit sich Gott angelobt habe und ihre Brautzeit feiere. Alles Leben ist leicht, und die Pflicht ist nicht mehr Frage und Problem und Philosophie, sie ist ein natürliches und göttliches Tun."

Sie ergriff Lützows Arm und schritt mit ihm den geschnittenen Laubgang des Parkes hinunter.

Frau Charlotte, noch immer etwas blaß, trat leise, während das Paar elastisch den feuchtschimmernden Weg hinabschritt, zu Ferdinand von Bismarck. Aus ihren guten, hausfraulichmütterlichen Augen sprach das Bedürfnis, ein herzliches, sorgenbeschwichtigendes Wort zu sagen. „So wie heute, so sprühend, lebhaft und voll lebendiger Frische habe ich deine Wilhelmine sonst nur in Berlin gesehen."

Ferdinand sah seinem Weibe frohherzig und

dankbar nach. „Das Schicksal der Welt ist auf Stunden bei der Diplomatentochter, die sonst in der Stille des Gutshofes eingeschlossen ist, eingekehrt und sitzt körperlich an ihrem Tisch zu Gast, das trägt sie empor." Auch er selber sah, während er so sprach, glücklich und gehoben aus, als spüre er leibhaftig die segnenden Wunder der reichen Zeit. —

Bald darauf rief einen jeden die Pflicht. Der Major und seine Begleiter mußten zu ihren Detachements zurückkehren, Ferdinand von Bismarck hatte mit den Schulzen der umliegenden Dörfer eine Besprechung wegen des Landsturms, der in der Bildung begriffen war, die Damen riefen die Pflichten des Frauenvereins, der im Herrenhause zu vaterländischen Opfern und Arbeiten zusammenkam.

Theodor Körner war in das Pfarrhaus zurückgekehrt. Noch ganz erfüllt von den Eindrücken der Stunde im Herrenhause, hatte er sich von dem Geistlichen das Kirchenbuch ausgebeten und in den Pfarrgarten an seinen Lieblingsplatz unter mächtigen Eichen getragen.

Lange saß er nachdenklich auf der hölzernen Gartenbank und blickte auf den unter dem 31. Mai 1809 eingetragenen Namen des kleinen Ferdinand Schill von Bismarck nieder. Noch einmal stand der Name Ferdinand von Schill unter den abwesenden Paten, und daneben stand: „Blieb an demselben Tage bei Stralsund." ...

Körner brauchte nur wenige Blätter zu wenden, so fand er auch den frühen Tod des Kindes verzeichnet.

Gerührt und erschüttert, blätterte er bald vorwärts, bald rückwärts in den Schicksalen des Hauses, das ihm in kurzen Stunden vertraut geworden war. Plötzlich stieß er auf einen nachdenklich-klagevollen Eintrag des Pfarrherrn aus dem Unglücksjahre von Jena: „Seit dem Dreißigjährigen Kriege hat kein feindlicher Fuß den ruhigen Winkel zwischen Elbe und Havel betreten. . . . Oh, goldener Frieden, glückliche Ruhe, die wir genossen. — Wann kehrt sie wieder?"

Theodor Körner sprang von der Bank empor und warf sich langhin aufs Gras und starrte klopfenden Herzens in die mächtigen Wipfel der alten Eichen, die sich eben belaubten. Wann —? Ja, wann?!

Und mit einem Male empfand er: der reiche Tag durfte nicht in diese schmerzliche Frage ausklingen, die schon halb wie ein gramvolles Entsagen und Ergeben in unabänderliche Schicksale klang. Er raffte sich blitzenden Auges vom Boden auf und setzte mit raschen, festen Zügen neben den Eintrag des Pfarrers die herrisch-gewisse Antwort: „Dann, wenn Preußens edle Krieger mit Gott für König und Vaterland fechtend in Paris einziehen werden. Theodor Körner." —

Hans Leerkamp und die Husarenschwadron des Majors Bismarck.

Hans Leerkamp wäre in Halle, wo er drei Jahre als Student der Medizin vertobt hatte, als Trinker und Raufbold zugrunde gegangen, hätte ihn nicht ein derb zupackender Griff der Schicksalsfaust auf dürren Boden verpflanzt, den er fruchtbar machen mußte, um leben zu können und zwei anderen Menschen das Leben zu fristen.

Im Zustande halber Betäubung hatte ihn ein Brief seines Großvaters aus Goldberg in Schlesien erreicht, der ihn dringend ersuchte, heimzukehren und der harten Zeit abzuringen, was zu retten sei. Eine hitzige Seuche habe in sieben Tagen Vater, Mutter und Geschwister hingerafft, von allen Leerkamps seien nur noch er, der Greis, und ein kaum vierjähriges Söhnchen seines Bruders am Leben, das letzte Bargeld habe herhalten müssen, die Gläubiger der verschuldeten Einhornapotheke, die der Bruder bisher geführt, noch einmal zu befriedigen.

Mit würgendem Ekel erinnerte sich Hans Leerkamp sein Leben lang, wie er im Rausch die

Zeilen des Alten gelesen: zugehaltenen linken Auges mühsam durch das rechte blinzelnd, um die Buchstaben scharf zu sehen, hatte er das Entsetzliche nach und nach unter trunkenen Kameraden von dem mit weinbefleckten Fingern unordentlich aufgeschlitzten Briefe abbuchstabiert, um dann schluchzend vor den fremden Gaffern gegen sich selbst zu toben. Aber in der abgründigen Schmach dieser Stunde ertrank die Schmach der letzten Jahre, und das halbgeleerte Weinglas, das er unter dem Gelächter der Zechkumpane, die ihm verständnislos zusahen, gegen die Wand schmetterte, war das letzte, das er seitdem in Händen gehalten. Zwei Jahre waren vorübergegangen, ohne den ehrlichen Namen der Leerkamps von dem Einhornschilde der Apotheke zu wischen, wo er seit Menschengedenken seinen Platz hatte. Der kleine Jochen hatte gelernt, ihn zu buchstabieren und in dem seltsamen, bunten Getier darüber sein Wappenschild zu sehen, das der Ohm für ihn blank hielt.

Dem jungen Mann ging niemand zur Seite als der Greis, der noch einmal unter dem ungewohnt gewordenen, doch altvertrauten Hantieren mit dem Handwerkszeug seiner jungen Jahre aufblühte. Hans Leerkamp sah nicht rechts, nicht links; brauchte er Kraft, so sah er in die braunen Augen des Jungen, in denen die Geister von Vater und Mutter und allen toten Lieben ihr gutes, stilles Spiel trieben. Grimmige, zähe Energie füllte ihn vom Wirbel zur Zehe und gab keinem andern Empfinden Raum. Franzosen, Preußen und Russen rangen um Schlesien. Ihm drang das Klirren heimischer und fremder Waffen gleich mißtönig und unwillkommen in den vertrauten Klang seiner Gläser und Retorten, in denen er die Zukunft des unmündigen Knaben und aller Leerkamps braute. Er war bestellt, das Einhorn zu warten, was scherte ihn das Raufen der Adler!

Ein Wirbel hatte ihn an den sicheren Strand dieses kargen Daseins geworfen, die Sturmflut der wildgewordenen Zeit riß ihm den Grund unter den Füßen wieder fort, als er ihn eben mit heimlicher Lust zu spüren glaubte.

Eine Schlammwelle zuchtloser napoleonischer Soldateska brauste gegen Mittag des 23. August über Goldberg, wo man eben ostpreußische Musketiere ins Lazarett geschafft hatte. Plündernde französische Marodeure stürmten die Treppe und rangen mit den halbtoten Menschen, die dort in sinnlosen Schmerzen lagen, um Uhr und Börse. Was noch ein gesundes Glied zu rühren vermochte, reckte es mit verzweifelter Kraft gegen die Elenden und suchte sie durch die Saaltür zu drängen und die Treppe hinabzustoßen.

Ein toller, grotesker Kampf halbnackter, mißhandelter Menschen, denen blutige Monturen und Verbände in Fetzen vom Leibe hingen, entspann sich zwischen den schmutzstarrenden Lagern, auf denen Tote und Lebende durcheinander lagen. Fluchen, Aechzen, gellende Hilferufe und wimmerndes Stöhnen klang wüst in eins zusammen. Leerkamp, der im Lazarett den Preußen Verbände anlegen mußte und dort mit dem Alten und dem Kinde, die ihm Handreichungen leisteten, ganz unerwartet in den brodelnden Strudel des ekelerregenden Tumults hineingezogen wurde, schaute einen Augenblick fassungslos und angewidert auf die schamlosen Greuel dieser Schlacht unter Toten und Halbtoten. Dann zuckte jäh der Gedanke an das Kind in ihm auf. Er erblickte es dicht neben sich, eingekeilt in einen Knäuel ringender Gestalten, die um ihr Leben balgten.

Als er mit Bärenfäusten den menschlichen Klumpen, der wie Schlamm den wimmernden Kleinen erstickte, auseinanderbrach, schaffte sein Eingreifen, das zufällig gerade an der kritischsten Stelle bei der Saaltür geschah, den Ueberfallenen auf einen Augenblick Luft. Ein stämmiger Ostpreuße warf, den Moment benutzend, in jähem Anstoß zwei der Franzosen durch die offene Tür, daß sie polternd die steile Stiege hinabschlugen. Das war für die Überfallenen das Signal zu einem letzten, verzweifelten Vorstoß, der die zuchtlosen Haufen der Marodeure überwältigte und die Treppe hinabtrieb. Da packte einer aus diesem Auswurf menschlicher Ruchlosigkeit, während er sich in schäumendem Grimm widerstandslos der Tür zugeschoben fühlte, kurz ehe er den Halt verlor, mit der Linken nach dem in seiner Angst laut schreienden Kinde und zog es in dem schmutzigen Drange, aller Übermacht zum Trotz noch etwas Schändliches zu tun, an den Haaren in den Strudel hinein, dem es Leerkamp entrissen hatte. Im nächsten Augenblick polterte der ganze Haufe, das Kind unter sich begrabend, die Stiege hinab, deren Geländer unter dem Anprall splitternd in Stücke brach.

Hans Leerkamp war es, als er den Knäuel in die Tiefe stürzen sah, als stieße ihm eine Faust durch Herz und Kehle. Aber mit grausamer Deutlichkeit sah er zwei Dinge: Er sah den Knaben mit zerschelltem Köpfchen unten auf den steinernen Fliesen aufschlagen, und sah den Schurken, dessen Fall der mißhandelte Knabe wie ein weiches Kissen gemildert hatte, sich mit heilen Gliedern aus dem Gewirr arbeiten und das Freie gewinnen. Er erblickte den Unhold, obgleich alle Kraft seines Auges verzweiflungsvoll den Knaben zu halten gespannt war, so unverwischbar scharf, daß er ihn am Jüngsten Gericht noch würde aus dem menschlichen Schutt der Jahrtausende heraussuchen können. Er sah das erdfarbene, borstige Gesicht unter der sommersprossigen Stirn, sah das schwarze, fettige Haar, sah jede Einzelheit der geflickten und zerschlissenen Montur . . .

Er warf, ohne rechts und links zu sehen, mit ungestümer Kraft beiseite, was ihn im Vorwärtsstürzen hinderte. Mit zwei Sätzen war er die Treppe hinab. Er kümmerte sich nicht um den kleinen Leichnam. Er hörte nicht, was ihm der Greis entgegenrief. Ein Gedanke nur brannte ihm wie Höllenstein in Leib und Seele: dem Unhold an die Gurgel — ihn niederzerren und mit den Füßen zertreten!

Alles wich dem Rasenden aus dem Weg. Jetzt stand er funkelnden Auges auf der Hausschwelle, spähte aus wie ein Wolf nach dem Entronnenen, und fühlte mit aufquellendem Ingrimm, wie ihm das kochende Blut den Blick verdunkelte. Seine Augen warfen, wie er sprungfertig, angespannten Leibes dastand, wie vorher seine Arme beiseite, was ihm die Aussicht sperrte, seine Blicke teilten die Haufen und sahen in Herzschlagdauer tausend Dinge. Dort schleppten Marodeure brennende Strohwische über die Straße und warfen sie in die Häuser. Bürger rotteten sich zusammen. Französische Infanterie rückte geordnet die Straße herab. Die Offiziere schlugen den Marodeuren mit den Degen die Brände aus den Händen. Das war alles gleichgültig und sinnlos. Aber dort — durch Hans Leerkamps

Leib fuhr es wie ein Schlag —, dort war das einzige, was zu sehen lohnte: in einem Knäuel zeternder Bürger tauchte ein angst- und wutverzerrtes Gesicht für Augenblicksdauer auf, und der Feuerschein eines brennenden Fachwerkhauses flammte wie höllischer Schein darüber, als wollte er dem Rächer den Weg weisen.

Hans Leerkamp sprang vor. Da hielt ihn etwas am Arm. Er suchte es abzuschleudern, aber es ließ nicht los. Da sah er wild nach dem, was ihn hinderte. Es war der Greis, der barhaupt vor ihm stand und ihn mit aller Kraft seines Leibes hemmte. Der alte Leerkamp hatte begriffen, was in dem Enkel vorging, und aus seinen, von schweren Säcken unterhangenen Augen brannte dem Rachedürstenden ein herrischer Wille entgegen, dessen Gebot er ohne Worte verstand, doch nicht begriff: Du bleibst!

Doch der Rasende war keinem Befehl der Welt mehr fügsam. Er schleuderte den Alten zur Seite, daß er torkelnd Halt suchte. Aber noch im Niedersinken sperrte er dem Enkel den Weg ins Verderben und rief den leichter Verwundeten, die in der Tür des Hauses standen, zu: „Helft, Leute! Packt an! Haltet auf! Der Chirurg will euch auf und davon, und drinnen verbluten eure Brüder ohne Hilfe!"

Ein paar stämmige Burschen sprangen vor. Hans Leerkamp fühlte sich umklammert, und als er wie ein Wahnwitziger gegen die menschliche Mauer loshämmerte, wurde er unsanft überwältigt.

Keuchend starrte er, Haß und tierische Wut im Blick, dem Alten ins Gesicht: „Was soll's!?"

Der Greis umklammerte die bebende Hand des Enkels: „Gib dich! Laß ab! Du dankst mir's noch!" Hans Leerkamp hörte die Antwort kaum, aber er fühlte, was der Greis wollte, und daß er die Macht hatte. Haß und Leidenschaft loschen aus auf Augenblicksdauer, wie ein Meer von Flammen durch den Sturm niedergedrückt wird, ohne zu ersticken. Alles fiebernde Leben seiner Augen erlosch, und ein jammervoller, bettelnder Blick nach Erbarmen flehte in ihnen auf. „Laß mich!" Es war kein Wutschrei mehr, es war ein Schluchzen. Seine Glieder flogen. Der Greis ertrug den Blick des Enkels, ohne zu weichen, und er gab nicht nach, als die auf Augenblicke niedergepreßten Flammen tierischer Wut wieder in den Augen des Jungen aufspritzten.

Da sah Hans Leerkamp in jähem Schrecken, wie ihm plötzlich — zehn Schritt von seinen wutgestrafften Armen — die Rache an dem Elenden unwiderbringlich gestohlen wurde. Ein paar französische Gardisten hatten den Marodeur aus der Gruppe der Bürger gerissen, und als sie den schwelenden Strohbrand in seinen Händen sahen, den Mordbrenner in ehrlichem

Soldatengrimm gepackt und durch die klirrenden Scheiben in die züngelnden Flammen des brennenden Hauses geworfen. Im nächsten Augenblick sank der Bau krachend über dem Gottverdammten zusammen.

Hans Leerkamp sah's und brach mit einem unartikulierten Wutschrei besinnungslos zusammen. Bürger und Soldaten standen und starrten erschrocken und verständnislos auf den jungen Menschen, der da plötzlich mit gellendem, tierischem Wutschrei mitten unter ihnen zusammenstürzte wie vom Blitz erschlagen. Der Greis zeigte auf den kleinen Leichnam des Knaben. Er tat es wortlos. Und die Gebärde erschütterte mehr als überschwenglicher Jammer. Der Alte lud schweigend den leichten Körper des Kindes auf seinen Arm und schritt schwerfällig die Straße hinauf. Nachbarn bemühten sich um den ohnmächtigen Mann und führten ihn, als die Besinnung zurückkehrte, dem Alten nach in das verödete Haus.

Dann stand in dem Herrenzimmer der Einhornapotheke der Greis dem jungen Manne gegenüber, der in einem Ledersessel dumpf vor sich hinbrütete. Er legte dem Enkel leise die Hand auf die Schulter. „Hans!" Der Mann sah auf, sein Gesicht war stumpf und ausdruckslos vor Schmerz, daß es den Alten erbarmte. Er nahm seine niederhängende Hand. Da riß sich der andere los, in seine Augen kam ein fremdes, tückisches Leben, und seine Gebärde war halb voll Ekel und halb voll Haß.

Der Alte drückte ihn tieferschrocken in den Stuhl zurück und rief mit fester Stimme, als riefe er einen Verschütteten an, ob er noch lebe. „Hans?" Aber er rief einen Toten, der unter dem Schutt seines ungestillten Hasses und vergewaltigter Leidenschaft begraben lag. Der alte Leerkamp begriff mählich unter dem bösen, glimmenden Blick des andern, daß er Urenkel und Enkel an einem Tage verloren habe. Er richtete sich straff auf und sagte hart: „Da du's nicht begreifen willst, Hans, so muß ich dir's sagen: ein Leerkamp durfte nicht zum Mordbuben werden, und wär's am ausbündigsten Höllenhund. Die Rache ist Gottes."

Hans Leerkamp sah auf, in seinen Augen irrlichterte es. „Sie haben ihn verbrannt. Ich kann ihn nicht mehr erwürgen und nicht mehr zerreißen." Seine Zähne knirschten.

„Gott hat dich und das Kind gerächt. Du hast's gesehen."

„Er hat mir ins Handwerk gepfuscht, und ich kann's ihm nicht heimzahlen!" Hans Leerkamp stöhnte die Lästerung in unbändiger Seelenqual und grub sich die Nägel ins Fleisch wie ein Sinnloser. Der Greis ging aus dem Zimmer.

Andern Tags, als das Kind unter der Erde war, standen die beiden sich wieder in dem leeren Hause gegenüber.

"Hans, die Leerkamps stehen jetzt auf deinen zwei Augen. Die meinen zählen nicht. Ich hab' das begriffen, als die Verzweiflung mit dir durchging und hab' dich gehalten. Vielleicht begreifst du's noch einmal."

"Wovon hast du mich abgehalten, du Neunmalweiser, du . . .!? Hätt' ich diese meine beiden Hände mit dem Hundeblut besudelt, vielleicht hätt' ich noch ein Stück von einem Menschen in mir. Ich weiß es nicht. Aber das weiß ich und sag's dir: von der Stunde ab, wo du mir den Mordbuben aus den Fingern rissest, treib' ich in Schlaf und Wachen nur noch ein Ding. Ich erwürge zu allen Stunden des Tages und der Nacht den Hund in Gedanken und würge so lange an dem blutlosen Phantom, bis ich selbst wie ein toller Hund dich und mich und jeden mit Zähnen und Nägeln zerreiße."

Und eine Weile in erbarmungslosem Hohn auf den tieferschütterten Alten starrend, rief er halb schreiend: "Auf meinen beiden Augen steht die Sache der Leerkamps, sagst du?! Sieh mir in diese Augen, dann weißt du, wie die Sache der Leerkamps steht! Siehst du's jetzt? Es sind schöne Augen, ich seh' sie ja blutunterlaufen von innen heraus, und mir könnt' es grauen vor allem, was an mir ist, seit du mich in deine klugen Hände genommen hast!"

Er verließ stürmisch das Zimmer und ließ den Alten allein. Der sank matt, als fühle er mit einemmal das Alter, in den Armstuhl des Enkels. Und saß und grübelte. Hatte er Unrecht getan? Hätte er der entfesselten Natur den Lauf lassen sollen? „Mein ist die Rache", sagt der Herr. Sollte der greise Kopf noch umlernen? Die Züge des Alten verhärteten sich, und er spürte, wie ihn die eiserne, orthodoxe Frömmigkeit, die ihn durch siebzig Jahre geleitet hatte, in seinem Rechte bestärkte. Er faltete die Hände und betete für den Verirrten.

Am Abend suchte er ihn, um ihm noch einmal zuzusprechen. Hans Leerkamp war nicht im Hause. Der Alte saß reglos auf einer Bank in dem dämmernden Flur und wartete. Die Uhren schlugen, es wurde dunkel. Ein matter Lichtschein hielt sich lange in dem bunten Glas der Tür. Die Schatten sogen ihn auf. Jeder Schritt, der in der Gasse aufklang, verlor sich wieder in Stille. Es ging auf Mitternacht.

Endlich hielt ein schlürfender Schritt, in dem der Greis den Enkel nicht geahnt hätte, an der Tür. Schlüssel klirrten. Sie fielen zu Boden. Jetzt arbeiteten sie schwerfällig im Schloß. Eine lange Weile verging. Dann knarrte die Angel. Eine Gestalt schob sich ins Haus. Der Greis und der Enkel standen sich gegenüber wie schwarze Schatten.

„Bist du's, Hans?"

„Ich bring' dir die beiden Augen der Leerkamps!" Fuseldunst schlug dem Greis entgegen.

„Hans, um Gottes willen, was treibst du? Wo kommst du her?"

„Ich? Ich habe deinem Gott Bescheid getrunken für seine Hilfe. Gute Nacht!" Ein häßliches Lachen verklang.

Müde und zerschlagen ging der Greis in seine Kammer. In dem dunklen Flur hatte die Lästerung des Enkels dem Alten den spröden Stab seiner Frömmigkeit zerbrochen. Hatte er recht getan vor Gott? Hatte er an der Natur und an seinem Fleisch und Blut gefrevelt? War er stark gewesen oder grausam? Er mußte es nicht mehr. Aber immer schwerer senkte sich lastend und erdrückend ein dämmerndes Gefühl auf ihn, daß man keinen Menschen zum Guten, das nicht in ihm ist und aus ihm kommt, vergewaltigen darf ohne Gefahr, daß das aufgezwungene Gute ihm im Blut zu Gift umschlägt und in Leib und Seele schwärt. Der steile und dornige Pfad ist wohl der rechte, aber es ist Wahnwitz, einen Menschen mit gebundenen Gliedern auf dem schmalen Wege vorwärts zu peitschen; man kann keinen Menschen vor Gott in die Knie zwingen, denn er hört auf, Mensch zu sein, und nur wie ein toller Hund beißt er schäumend in den Staub vor den Füßen Gottes. Die Seele kann überall und an allem verderben, aber am sichersten an dem Guten, das ihr unbarmherzig wider Natur und Blut aufgezwungen wird. . . .

Die Gedanken fraßen sich tiefer in das Herz des alten Mannes, während er schlaflos den Tag heranwachte. Er war sicher durch soviel Jahre gegangen, nun verlor sich mit einemmal aller Weg in Nebel. Und aller Inhalt seines langen Lebens rieselte ihm unter den Händen fort, unaufhaltsam, wie der Sand eines Stundenglases. . . .

Andern Morgens war Hans Leerkamp verschwunden. Der Greis suchte und forschte durch Tage und Wochen, und rüstete sich endlich einsam und mutlos zu langsamem Sterben. Der Enkel blieb verschollen. — — —

In Hans Leerkamps verwildertem Herzen war in der Nacht der Gedanke aufgezuckt, zu den preußischen Freischaren, die kaum ein paar Stunden weit sein konnten, zu entlaufen. Blindlings gab er der nächtlichen Eingebung nach, und der helle Tag bestärkte ihn noch fester darin. Daheim lauerte der Wahnsinn, unter den Soldaten fand er wohl Betäubung auch ohne Fusel, und vielleicht das Beste, eine barmherzige Kugel. Er fühlte, er könnte das Leben nirgends erfragen, als wo er's von Grund auf verachten könnte. Die wilden Haufen, die in Regen und Sturm wie reißendes Getier einander anfielen, dünkten ihm die rechte Gesellschaft. Er fühlte selbst unklar, daß sein Leben nur noch eine Lästerung auf Gott und die Welt sein könnte. Wo konnte sein Herz sich besser voll von der Weltverachtung saugen, die ihm Lebensluft war, als unter den Horden raufender Völker! Konnte er besser seinen ungestillten Rachedurst ausschäumen, als gegen alle, die das Handwerk des Elenden, der ihm aus den Händen gerissen war, trieben und seine Farbe trugen! Die Metzgerarbeit des Tages und danach Nachtwachen zwischen toten Männern in Sturm- und Regennächten auf freiem Felde, der Wechsel wildester Kraftanspannung mit lethargischer Erschöpfung, der seiner unter den Freischaren wartete, dünkte seiner verzweifelten Laune eben recht. Ruhe konnte für ihn nur noch in Unruhe sein, Erschlaffung und Leib und Seele zermürbende Erschöpfung war der Friede, den er noch erjagen konnte.

Während er sich auf seiner nächtlichen Wanderung nach der Flucht aus Goldberg besann, wohin er sich am tunlichsten wenden sollte, fielen ihm ein paar Worte der ostpreußischen Landwehr im Lazarett ein, die voll rauher Bewunderung über das Freischarenregiment der Mecklenburger Husaren waren, das, erst kürzlich formiert, eben seine Feuertaufe erhalten hatte: "Sie sollten auch den Totenkopf am Tschako tragen statt des Kreuzes, die Sackermenter. Wahre Totschläger sind's, einer wie der andere. Sind wie Höllenhunde, die schwarzen Kerls in ihren Schwefelschnüren, beißen scharf an!" — Die Husaren konnten nicht weit sein. Zu ihnen begehrte er.

Nach ermüdenden Kreuz- und Querzügen kam er endlich in einer stürmischen Nacht, durch die nur hin und wieder fahles Mondlicht wie Wetterleuchten zuckte, um gleich darauf von jagenden Wolken eingeschluckt zu werden, in die Nähe eines Dorfes, aus dem Licht zu ihm herüberschimmerte.

Er näherte sich vorsichtig.

Da plötzlich hörte er zu seiner Rechten ein Plätschern, verhaltene Zurufe und unterdrücktes Gelächter. Er arbeitete sich durch das Erlengestrüpp, das ihm die Aussicht versperrte, und fand sich an dem flachen Ufer des seeartigen Dorfteichs.

Von der Wasserfläche her kam das Durcheinander von menschlichen Stimmen, Entengeschnatter und einem Geplätscher, als ob viele Menschen dort badeten. Eben brach das Mondlicht für Sekunden aus der Wolkennacht und überschüttete ein seltsames Bild. Wohl ein Dutzend Männer oder Knaben schwammen auf dem nächtigen Wasser, das von kalten Windschauern gepeitscht wurde, und vor den Badenden her flohen Gänse und Enten schnatternd und flügelschlagend über den Teich.

Hans Leerkamp nutzte das karge Licht des mondhellen Augenblicks, so gut er konnte, doch gewahrte er nichts als die geängsteten Tiere und hier einen blonden Schopf, dort ein Gewirr heller Gesichter und weißer Arme, die sich leuchtend von dem dunklen Spiegel des Wassers abhoben. Auf einmal spürte er, daß er auf einem Kleiderballen stand. Er beugte sich nieder und hob seinen Fund, Stück für Stück, auf: ein schwarzer Husarendolman mit gelben Schnüren und einem C auf dem Achselstück, Reitstiefel mit Sporen, ein Tschako mit schiefem wendischem Kreuz, ein Hemd und eine Hose, deren Grau rußig und schwarz geworden war.

In Hans Leerkamp schwoll eine wilde Lustigkeit auf. Er hatte seine künftigen Kameraden gefunden! Es war der rechte Ort, die neuen Genossen kennen zu lernen: bei Nacht und Sturm stahlen sie den ausgeplünderten Bauern die Enten vom Dorfteich. Und er erinnerte sich in seiner grotesken Laune aus Kindertagen des Märchens von den badenden Wasserweibern, deren Hemden ein Held am Ufer findet und durch ihren Raub die fremden Wesen zwingt, Rede und Antwort zu stehen.

Er hob den Schnürenrock empor und rief über das Wasser: „Heda, Husar!"

Das Gewimmel der badenden Entenräuber schien in der Dunkelheit auseinanderzustieben. Ein hastiges Plantschen im Wasser, dann wurde es still. Das Mondlicht war unter Wolken verschüttet.

Und wieder rief Hans Leerkamp: „Ho, Husar! Komm heraus oder ich stehle dir Rock, Hemd und Hose!" Da rauschte es dicht vor ihm im Wasser, eine schlanke, helle Gestalt, die wie eines Knaben war, sprang auf ihn zu und riß das Kleiderbündel an sich. „Hol' Sie der Teufel! Was wollen Sie? Müssen Sie die Wachen mit Ihrem Geschrei herbeizetern?"

„Gib dich zufrieden, Husar! Ich suche deinesgleichen seit Tagen. Dachte freilich nicht, daß ich euch aus dem Wasser fischen müßte. Gleichviel, du mußt mir helfen, zu werden, was du bist. Meine nicht Entendieb, sondern Husar."

Der Junge stak schon in den Kleidern. Der Mond huschte über sein schmales Knabengesicht, in dem ein Lachen zuckte. Bei Hans Leerkamps Schluß wich die Lustigkeit rasch einem frohherzigen Ernst. Er griff nach des Fremden Hand und sagte ehrlich erfreut: „Kamerad, bleiben Sie bei uns, so werden Sie merken, daß wir mehr können als Enten stehlen. Wir hatten kein Fleisch mehr seit Tagen. Gleichviel, jetzt kommen Sie!"

Die beiden kamen dem Dorfe näher. Um den Schein der lichthellen Fenster wuchsen mählich die klobigen Umrisse niedriger Hütten.

Hans Leerkamp brach das Schweigen. „Wie heißt der Ort da?"

Der andere lachte sorglos und zuckte die Achseln.

„Sie wissen's nicht?"

„Niemand von allen, die drin wohnen, weiß den Namen."

Leerkamp blickte erstaunt auf, da bequemte sich sein junger Begleiter zu Erklärungen. „Wir haben keine Christenseele im Dorf gesehen, seit wir gestern einrückten. Die Bauern und Häusler mögen im Walde stecken und warten, bis die wilde Jagd vorübergebraust ist. Ein Dorf ohne Menschen hat keinen Namen. Heut' Nacht ist's Husarenhausen, morgen holt's vielleicht der Teufel oder der Kosak."

Hans Leerkamp schwieg finster. Da sah ihn der andere treuherzig an: „Sind Sie mir böse, Kamerad, daß ich drüber lachen kann? Verstehen Sie mich nur recht! Wer im Ernst drüber lacht, den veracht' ich. Aber die Zeit lehrt grimmig und sorglos über Nöte scherzen, die wir sonst still geehrt haben. Auch der Tod ist ein Scherzwort geworden, das bei uns lachend von Hand zu Hand geht wie ein Kinderball, und doch fühlt jeder, der ihn gibt und nimmt, mit leisem Schauder seine Kälte."

Leerkamp sah spöttisch seitwärts. "Sie reden wie ein Pastor."

Das braune Knabengesicht des Jünglings rötete sich leicht, seine Stimme klang ernst und verweisend und hatte einen gewinnenden Schimmer altkluger Kinderart. "Ein ernstes Wort klingt gleich gut vom Sattel wie von der Kanzel. Will's Gott, daß ich lebendig davonkomme, will ich das werden, worüber Sie witzeln. Ich bin in einem Pastorenhaus aufgezogen."

"Wo waren Sie Student bis dahin?" lenkte Leerkamp ein.

"Ich bin aus der Prima eingerückt."

"Hätt's sehen können, ohne zu fragen," brummte der andere, "und Ihr Name?"

"Jochen Timm aus Neubrandenburg."

Sie hatten das namenlose Dorf erreicht. An den ersten Häusern blieb der Husar stehen und suchte ein paar Augenblicke nach Worten. Dann sprach er rasch und suchte seine Verlegenheit zu meistern: "Ist's Ihnen ernst, Kamerad, mit dem, was Sie gesagt haben? Sie sind älter als ich und brauchen meinen Rat nicht. Haben leichtlich mehr erfahren als meinesgleichen. Aber ernst muß Ihnen sein, was Sie vorhaben, bluternst wie uns allen. Wer nicht so fühlt, ist nicht wert, unter unserem Major zu reiten."

„Ist Platz für mich?" fragte Leerkamp kurz statt einer Antwort.

„Das kann Ihnen Major Bismarck sagen. Kommen Sie!"

Sie gingen schweigend weiter. Der Husar trat in das Schulzenhaus und wechselte mit der Wache ein paar Worte. Wenige Augenblicke später standen sie in der Bauernstube vor dem Major.

Wie Leopold von Bismarck aufstand, wuchs er wie ein Hüne aus dem Lichtkreis der Oellampe, bei der er las, in die Dämmerung des Zimmers. Sein leicht ergrauter Scheitel rührte fast an die geschwärzten Balken der niederen Stube. Prachtvolle Grauaugen gaben dem verwitterten Gesicht etwas Herrisch-Machtvolles, und eine hohe, breitausladende Stirn steigerte das Martialische und Derbe des wetterfarbenen Antlitzes ins Gebieterische.

Der Husar machte kurz Meldung und trat ab. Hans Leerkamp brachte sein Anliegen vor. Er sprach nur wenige karge Worte, die nichts von seinen Schicksalen, noch weniger von seinen Gefühlen verrieten.

Der Major hörte ihn aufmerksam an, und sein Auge beobachtete scharf den späten Besuch. Instinktiv fühlte er das Fremde, das ihn kühl aus den sparsamen Sätzen des jungen Mannes anwehte, und nicht ohne Absicht antwortete er, als der andere schwieg, mit einer fast drohender Feierlichkeit, die sich durch die knappe, soldatische Kürze wirkungsvoll steigerte. "Sie treten in ein junges Regiment. Aber es ist brav wie irgendeins unsrer alten preußischen. Es ist eine Ehre, Mecklenburger Husar zu sein seit Goldberg und der Katzbach. Ich habe manche preußische Schwadron geführt, keine bessere als diese ehrlichen Nachbarjungen, zu denen mich mein König jetzt kommandiert. Der Rock, den Sie anziehen wollen, ist gut, wenn der Rock, den Sie ausziehen, ehrlich ist. Das hoffe ich von Ihnen und nehme Sie statt Ihres Gottes und Königs in Pflicht."

Hans Leerkamp schwieg und hielt den forschenden Blick des Offiziers mit unbewegtem Gesicht aus. Seine Miene sollte nur stumme Zustimmung zeigen, aber der Ausdruck war frostig, und in den Augen flimmerte es fast wie mühsam niedergehaltener Hohn. Was sollten die tönenden Worte, mit denen er in Pflicht genommen wurde wie für eine heilige Sache? Was ging ihn, der die eigene Sache nur als Pfuschwerk zu Ende bringen konnte, der Handel der Völker an!

Wieder und deutlicher jetzt glaubte Major von Bismarck den fremden, aufsässigen Geist zu spüren, und er fühlte, wie ein Groll in ihm aufschwoll gegen die Bewegungslosigkeit des fremden Burschen, die bescheidene Zustimmung sein konnte, und die er doch, ohne deutlich zu sehen, wie einen Hohn auf seine feierlichen Worte empfand. Das Temperament ging mit dem alten Husaren durch, als er jetzt weitersprach: "Den Platz, den Sie bekommen, Husar, hat ein Lump warm gehalten bis jetzt. Gott geb's, war's der letzte unter uns. Der Bursche ist nach üblen Streichen desertiert, heut' wieder eingebracht und eben aus der Montur gepeitscht worden. Die Stelle, die er innehatte, will erst wieder ehrlich gemacht werden. Treten Sie ab!"

Hans Leerkamp fühlte, als er aus dem Zimmer ging, daß er ohne wenigstens greifbaren Grund wie ein Schulbube angelassen worden war, aber es steigerte nur seine bizarre Stimmung, die anders als sonst auf jede Reizung reagierte und den Stachel fast wohltätig empfand. Von einem marodierenden Knaben unter frommem Gewäsch in ein verödetes, namenloses Dorf geführt und an den Platz gestellt, den ein Halunke bis dahin gewärmt — diese Widersprüche und Mißklänge waren der rechte Anfang für das neue Leben! Eine wilde, häßliche Lustigkeit beherrschte ihn wie ein körperlicher Taumel.

Er wurde auf seinen Wunsch sofort eingekleidet und verbrachte seine erste Nacht als Husar, ohne viel zu schlafen.

Aber das tolle Leben, dem seine desperate Laune ungestüm entgegenstrebte, ließ auf sich warten. Der Krieg schien nicht, wie er sich's vorgestellt, ein unaufhörliches Würgen zwischen Mensch und Mensch, sondern eine sinnlose Kette von Kreuz- und Quermärschen, die in sich selbst zurückliefen, ein unaufhörliches Vor und Zurück, das kein Ziel zu haben schien. Der ganze September war ein einziger grotesker Zug abgerissener Männer und abgetriebener Gäule durch nächtliche Regenschauer und verwüstetes Land, der nur den Zweck zu haben schien, den Platz ausfindig zu machen, wo sich's am elendesten umkommen ließ.

Und doch wäre Hans Leerkamp dieses Leben erträglich erschienen, wären die Menschen, unter denen er lebte, andere gewesen. Das war nicht die Gesellschaft, nach der seine Menschenfeindlichkeit schrie. Diese guten Jungen verfälschten mit ihrem unverwüstlichen Humor die Bitterkeit, die er aus den wüsten Zeitläuften zu saugen bestrebt war. Sie waren treuherzige Lehrmeister, gute Kameraden, ehrliche Spaßmacher und ebenso ehrliche Bußprediger, nicht die rußigen Teufel in Schwefelschnüren, von denen die Ostpreußen gefaselt hatten.

Einmal, als Jochen Timm und andere nach einem Rasttag in den Hütten schlesischer Strumpfstricker mit roten Türkenkäppchen herumstolzierten, die von Schlesien durch ungarische Händler nach dem Balkan gingen, rief ihnen Hans Leerkamp spöttisch zu: „Jochen, es ist eine

Kinderkreuzfahrt, die ihr treibt!" Da stand Bismarck unter ihnen und rief lachend: „Ja, Kinder und Märchen! Aber diesmal frißt Rotkäppchen den Wolf. Was, Jochen?" Und der gute Junge wurde rot vor Freude über die Anrede des schwärmerisch verehrten Mannes, zog seinen Säbel halb und rief: „Soll wohl sein, Herr Major! Hat gute Milchzähne!" Und der Major ging lachend weiter.

Das war nicht die grimmige Luft, die er brauchte!

Zuweilen fraß er sich in die wilde Laune hinein, die ihm Bedürfnis war, und wurde jäh durch eine Treuherzigkeit herausgerissen, die er fast qualvoll empfand. So als sie nach aufreibenden Märschen, in denen Roggen= und Hafergarben das gewöhnliche Futter der Gäule und Brote, durch die Regengüsse zu schwammigen Teigklumpen geworden, die einzige menschliche Speise waren, bei Hochkirch den Rückzug der Infanterie deckten: ohne selbst ins Feuer zu kommen, erhielten sie 10 Uhr nachts den Befehl, abzurücken, und nun begann ein toller Nachtmarsch, der die Knochen im Leibe zerstoßen wollte. Durch mangelhafte Dispositionen verwirrten sich die preußischen Kolonnen heillos mit dem Troß des Sackenschen russischen Korps, das einen ungeheuren Train von Balken und Bauholz für die Flußübergänge mit sich schleppte.

Keine zehn Schritt kam der Zug vorwärts, da staute er sich an einem endlosen Wagenzug, der die Marschstraße querte. „Abgesessen!" Und man wurde, die Zügel in der Hand, in der Masse hin und her geschoben, während es einem kaum mehr gelang, die übermüdeten Augen aufzureißen. Dann schien es Luft zu geben, und „Aufgesessen!" hieß es. Im nächsten Moment stak man wieder fest. Baschkiren=Pulke mit Pfeil und Bogen kreuzten die Straße. Das wiederholte sich qualvoll durch Stunden und Stunden. Das babylonische Völkergemenge war wieder lebendig geworden. Bald waren es Kalmücken, bald russische Infanterie in grauen Kitteln, bald ein Gewirr von Wagen, bäumenden Gäulen und schreienden Menschen — so gingen die Nachtstunden hin. —

Immer länger und endloser schienen den todmüden Reitern die unfreiwilligen Pausen, zuletzt lagen sie, wenn wieder das Absitzen befohlen war, keuchend, mit dem Schlaf ringend, auf der schlammigen Erde, die regenfeuchten Zügel über die klamm gewordenen und abgestorbenen Finger geschlungen, bis die Vorder= und Hintermänner sie aufjagten. Gegen Morgen endlich schien das Chaos geordnet, und der eigentliche Marsch, so lange behindert, begann.

In dieser Nacht gelang es Hans Leerkamp, so stumpf und voll dumpfen Hohnes und Hasses zu werden, als er wollte. Es überfiel ihn eine bleierne Müdigkeit, deren todähnliche Erschöpfung er als Erlösung spürte. Endlich empfand er auch den Schritt seines Braunen nicht mehr, der mit tiefhängendem Kopf schneller und schneller unter ihm abschob. Er saß schlafend, nickenden Hauptes, auf dem Gaul.

Die Kameraden, auch in dieser Stunde noch für einen Spaß empfänglich, machten Roß und Reiter bereitwillig freie Bahn, so daß der Schlafwandler allmählich, während einer dem anderen ein halblautes „Loat em dörch!" zuraunte, aus dem hintersten Gliede in das vorderste rückte, und endlich kopfnickend, mit hängenden Zügeln, an dem voraufreitenden Major Bismarck wie ein abenteuerlicher Nachtspuk vorüberzog.

Der alte Haudegen empfand, als er das unterdrückte Lachen seiner Leute hinter sich hörte, ein Gefühl, das ihn besser wärmte als ein heißer Frühtrunk. „Prächtige Leute, die nach solcher Nacht noch den Kitzel zu Schulbubenstreichen haben!" dachte er, und sein Weckruf an Leerkamp bekam unwillkürlich einen herzhaft kameradschaftlichen Klang. „Guten Morgen, Husar!" Leerkamp schrak auf und empfand den Ausbruch der Heiterkeit um sich herum mit einem Gefühl, das an Erbitterung und Haß grenzte. Nicht daß der Ulk auf seine Kosten ging, erbitterte ihn, son-

dern, daß auch der Aschermittwoch dieser Nacht
wieder in den unzeitigen Karneval umschlug, der
ihn peinigte. Er kehrte verdrossen, ohne eine
Miene zu verziehen, um.

Major Bismarck sah dem grämlichen Mann
mit nicht eben freundlichen Gefühlen nach. Da
erregte eine andere Szene seine Aufmerksamkeit.
Ein Zug Kosaken, der neben den Husaren über
die Äcker trabte, war auf ein paar kranke oder
verwundete Franzosen gestoßen, die von ihren
eigenen Leuten oder einem Gefangenentransport
hier an einem Tümpel zurückgelassen worden
waren. Die Kosaken stießen mit der Lanze nach
den halbtoten Menschen, die in einem jämmer-
lichen Kauderwelsch um Pardon flehten: „Hélas
Kosak! Blessiert Franzus! pardonnez-moi . . .
je ne peux plus . . .!" Der alte Edelmann sah's,
und das Pöbelhafte des Gemetzels empörte, was
an ritterlichem Blute in ihm war. Er reckte grol-
lend die Faust, so nutzlos es gegenüber dem Ge-
schehenen war, gegen die verbündeten Wilden:
„Kosak, Spitzbub!" Gleich darauf bereute er es,
denn seine Leute, die mit knabenhafter Schwär-
merei auf alles schworen, was er sagte und tat,
brachen in ein erregtes Schelten aus: „Kosak,
Schelma! Pfui Kosak! Kosak, Halunke!" Russische Schimpfworte flogen herüber, Kantschus
hoben sich drohend, und eine ganze Weile hatten
die Offiziere auf beiden Seiten zu tun, ihre Leute

zu bändigen und von Tätlichkeiten zurückzuhalten.

Auch Leerkamp hatte das Schlächter-Heldenstück der Kosaken gesehen, aber mit einer grimmigen Lust an der Roheit, die er selbst als widrig empfand und die ihm doch willkommen war. Das Verhalten des Majors und der Kameraden rief sonderbare Gefühle in ihm wach. Was sind das für Menschen! dachte er, feine Jungen aus guten Häusern zumeist, drängen sich an die Schinderbank und wollen weiße Hände behalten! Und laut sagte er zu Jochen Timm: „Die Franzosen sind ein Ungeziefer! Was keift ihr wie Weiber, wenn sie einer austilgt?"

Der junge Husar sah ihn mit einem eigentümlichen Blick an und sagte abweisend: „Werden wir erst zu Mordbuben, so läßt Gott von uns wie wir von ihm. Der Major hat recht."

„Macht ihr ihm alles so gut nach wie das Schimpfen?"

Der andere wandte sich ab und gab schroff zurück: „Alles. Heißt, wenn wir's so können wie er."

Sie ritten eine Weile verdrießlich nebeneinander her. Da empfand der Jüngling die Nötigung, an der Starrheit und Unlust des anderen zu rütteln, die er nicht verstand, und er sagte überredend: „Kamerad, sieh auf den Major, wie wir's tun. Du fährst gut dabei, glaub' mir's!"

Hans Leerkamp spürte die Bekehrungsluft des guten Jungen neben ihm mit grimmiger Spottlust. Es freute ihn, den anderen zu reizen. „Erzähl' mir von ihm, ich weiß nichts von seinen Stücken."

Jochen Timm sah ihn lange und nachdenklich an. „Du reitest mit uns und spottest über ihn. Was soll's? Es paßt nicht zusammen. Er könnt' an Jahren unser Vater sein, und er ist's wahrhaftig. Er hungerte für uns wie wir für ihn. Einmal hat er nach zwei Tagen ohne Schluck und Bissen eine rohe Gurke mit mir geteilt." Das letzte sagte er herausfordernd, er wußte, daß es der andere als Plattheit in Spott verkehren würde.

„Alle Achtung!" höhnte Leerkamp.

„Ja, Kamerad," sagte der Junge gedehnt, „wollte in faulen Zeiten ein Prasser sein halbes Vermögen wegschenken, das wär' dir ein Wunder, aber gibt ein Hungriger ungenötigt die Hälfte des Unzureichenden fort, so verlachst du's."

Hans Leerkamp schwieg. Nach einer Weile fing er noch einmal an. „Was tut der Preuße bei euch? Seid ihr nicht Mecklenburger?"

„Wir sind Deutsche!"

„Zeig' mir Deutschland auf der Karte!"

„Geduld! Wir tragen's eben wieder ein."

Und noch einmal rührte der Geist der Schwadron an Leerkamps verfinstertes Gemüt auf diesem Ritt durch Nacht und Not: der Morgen dämmerte auf. Fahles Rot schimmerte im Osten und schwamm in den Lachen am Wege. Lerchen hoben sich über zerstampfte Acker. Da begab sich etwas, was mancher andere übersehen hätte. Ein Landmann führte fernab seinen Pflug über den Acker wie in friedlichen Zeiten. Die übernächtigen Augen der Husaren bemerkten ihn erst, als der Major mit dem Säbel nach ihm hinzeigte: „Ein pflügender Bauer, Kinder! Wann haben wir den letzten gesehen!?" Und er zügelte sein Roß wie in Andacht. Ein Raunen ging durch die todmüde Schwadron. Säbel und Arme hoben sich. Tschakos fuhren in die Luft. „Glück zu, Bauer! Brav, Bauer!" Drüben hielt der Landmann den Pflug an. Sein Gesicht konnte man nicht erkennen. Er gab den Gruß nicht zurück, aber als er unverdrossen weiterwerkte, war es den Husaren die beste Antwort.

Die Schwadron setzte sich wieder in Bewegung. Jochen Timm beugte sich zur Seite und raunte Leerkamp zu: „Er hat Tränen im Auge gehabt."

„Wer?"

„Der Major. Kröger hat's gesehen."

Hans Leerkamp schwieg. Seine Miene war undurchdringlich. Hätte Jochen Timm in ihn hineinsehen können, so wäre er Zeuge eines seltsamen Kampfes geworden. Leerkamp fühlte, er konnte sich der Wirkung dessen, was sich um ihn begab, nicht auf lange entziehen. Er empfand das Ansteckende des reinen, guten Geistes, der durch die Schwadron ging und die Phrase von dem „gerechten Krieg" zu lebendiger Wahrheit machen wollte. Aber er rang gegen die ungewollte Weichheit, gegen diese Schlappheit und Rührseligkeit, die sich wehrlos den Eindrücken ergab. Er lechzte nach Betäubung dieser Gefühle, die er nicht gerufen hatte und die nicht Raum in ihm hatten, die nur dazu angetan waren, ihm den letzten Inhalt seines verwüsteten Daseins zu zerstören. Dieser Geist mußte ihn endlich vertreiben, wenn er sich seiner nicht erwehren konnte. Er glaubte scharf und hart zu empfinden, daß, was ihn anzog, ohne daß er Teil daran haben konnte, ihn zuletzt von dem letzten Platz verstoßen mußte, an dem er das Leben noch ertragen konnte. Wann kommen wir endlich ins Feuer!? dachte er unaufhörlich, und er spürte eine wilde Sehnsucht nach dem Dunst und Lärm der Feldschlacht, die seiner Zerrissenheit helfen sollte, und wär's durch Zernichtung. Der neue Zwiespalt, der sich in ihm auftat, mußte ihn aufreiben, nur der Taumel des Würgens Mann gegen Mann konnte ihm die Härte wiedergeben, die die Kinder um ihn herum ihm entwanden und ohne die er nicht leben konnte

Endlich schien's gegen den Feind zu gehen. Der September ging unter kalten Schauern im schlesischen Land zu Ende, und der Oktober fand die Husaren im Biwak an der Elbe. Das Kesseltreiben gegen den Korsen, der sich in Sachsen hielt, begann.

Am 3. Oktober setzten die Reiter auf Pontons über die Elbe. Hinter ihnen loderten die Laubhütten, in denen sie biwakiert hatten, und fraßen im Busch um sich. Hans Leerkamp sah durstig in dieses Feuer, das das Flammenfanal für den Weltbrand sein mußte, nach dem er lechzte.

Jenseits im Walde splitterte und krachte es in den Ästen, als ob Tausende von Holzfällern an der Zerstörungsarbeit wären: Preußen und Franzosen rangen in weit aufgelösten Zügen in Deckung hinter den Bäumen, Mann gegen Mann, um jeden Busch und Stamm.

„Sie spielen Baumwechseln", lachte Timm. „Bald spielen wir mit." Er hatte ein Gesicht wie ein Kind am Geburtstagsmorgen, und der Schein seiner starken, gehaltenen Fröhlichkeit lag auf all den ernsten, jungen Gesichtern, die der Entscheidung entgegenhofften. Hans Leerkamp sah von ihnen hinweg in den Brand, der durch's Buschwerk fraß und sich in den ziehenden Fluten des gelben Stromes spiegelte.

Unweit von ihm stand Major Bismarck in einer Gruppe von Offizieren. Jetzt wandte er sich seinen Husaren zu. „Vorwärts, Kinder! Die Elbe ist mir gut, sie hat an meiner Wiege gerauscht."

Die Husaren jubelten ihm zu. Dann fuhr er fort: „Kinder, heut' müßt ihr mir helfen, eine alte Rechnung zahlen. Die Elbe hat in Schönhausen mit ansehen müssen, wie die Franzosen anno 6 im Nest der Bismarcks als Lausbuben gehaust und unsern guten Stammbaum mit ihren Spießen zerstochen haben. Die Elbe soll zuschauen, wenn wir heute so manchem französischen Stammbaum die grüne Krone dafür ausbrechen!" Und wieder lärmten die Husaren dem geliebten Führer zu.

Um Hans Leerkamp schwoll die Flut der Begeisterung auf, auf deren Wogen er nicht treiben, in denen er nur umkommen konnte. Er sah nicht rechts, nicht links und sehnte sich nach dem Getümmel.

Eine Kugel splitterte das Holz der Pontons auf. „Rotkäppchen, der Wolf will beißen", scherzte der Major zu Jochen Timm. Die Mecklenburger Jungen lachten, die Hand am Säbelgriff. „Loat em man!"

Und dann endlich, nach monatelangen Strapazen, wieherten die Rosse der Husaren wieder auf linkselbischem Boden. Der Kampf hatte sich aus dem Walde verzogen. Das Ringen ging um das verschanzte Wartenburg.

Major Bismarcks Schwadron mußte, höherem Befehl gehorsam, eine Ewigkeit untätig im Morast einer Sumpfwiese gegenüber den Verschanzungen feindlicher Artillerie halten, von Infanteriefeuer, Paßkugeln und Granaten überschüttet. Die Gäule zitterten und bäumten. Die jungen Gesichter der Reiter waren finster und ingrimmig.

Der Major hielt unbeweglich. Aber in dem Herzen des alten Reiters fraß der Groll, als er seine braven Leute so nutzlos geopfert sah. Leerkamp hielt, schweratmend vor Erregung, dicht hinter ihm im ersten Gliede. „Gebraucht man so Kavallerie?!" hörte er den Major zornig durch die Zähne stoßen und sah, wie das leicht erregte Gemüt des alten Husaren, dessen erste Wallung er selbst einst in dem namenlosen Dorf zu spüren bekommen hatte, Zorntränen unter den buschigen Brauen auffunkeln ließ. Und Leerkamp sah auch die Gesichter seiner Kameraden, in denen dankbare Verehrung und ein stummes, treuherziges Einverständnis mit ihrem Führer glänzte.

Rasch beugte sich Leerkamp, der Stimmung, die auf ihn übersprang, Herr zu werden, aus dem Sattel zu einer polnischen Marketenderin, die der Geldhunger mitten in die Feuerlinie getrieben hatte, wo sie die besten Geschäfte zu machen hoffte, und füllte seine Feldflasche mit Branntwein.

Major Bismarck wandte sich halb um. "Ein schlechter Husar, der sich die Kampfwut erst antrinken muß! Gießt aus, Leute!"

Alle verschütteten wortlos und eilig den Trank, der keine Ehre mehr brachte, nur Leerkamp setzte nun erst recht die Flasche an den Mund und goß trotzig, mit Lust den Beigeschmack der Schande kostend, den Fusel hinab. Während die Flasche an seinen Lippen war, fuhr zwischen ihr und seinen Augen querüber ein feuriger Funkenstreif wie ein höllischer Gruß. "Eine Musketenkugel", hörte er jemand neben sich sagen. Was es auch war, ihm war es der rechte Auftakt für den höllischen Tanz, zu dem ihm raufende Völker aufspielen sollten.

Er fand in dem Trunk die Würze, die er suchte. Die wilde Großartigkeit der Reiterschlacht, die nun losbrach, wandelte sich für ihn zur Groteske.

Major Bismarck rührte mit der Hand eine Feder seines Säbelkorbes an, mit leisem Knacken sprang ein stählerner Handschutz auf. Die Husaren machten sich bereit. Wie aller Augen an dem Major hingen, hatten alle das kleine Zeichen bemerkt und machten sich ohne Kommando fertig. Es wurde Ernst.

Adjutanten preschten übers Feld. Die Schwadronen brausten wie der entfesselte Sturm gegen die feindlichen Batterien los, auf die der Säbel des Führers wie wegweisendes Wetterleuchten hinwies.

Jetzt waren es noch schwarze Punkte. Jetzt wurden es Menschen, Gäule, Kanonen. Und nun war es der offene Höllenschlund, der flammend über den Schwadronen zusammenschlug.

Hans Leerkamp kostete den Taumel der Mordschlacht aus. Aber das Gewaltige hob und trug ihn nicht wie die anderen. Eine tolle, verwilderte Lust beseelte ihn, und daneben blieb ihm eine grelle, jedem anderen unerträgliche Aufnahmefähigkeit für Augenblicksbilder, in denen sich Grauenvolles und Lächerliches bizarr vermengte. Ein Husar verfing sich mitten im Sturm, unter einer Eiche durchreitend, mit den Schnüren seines Rockes in den Zweigen, der Gaul ging unter ihm durch, und er selbst blieb wie weiland König Davids Sohn Absalom in dem Geäst hängen. . . . Die Batterie, unter Obstbäumen aufgefahren, war genommen, und die kampfheißen Jünglinge, von Schweiß und Blut triefend, sammelten sich und erfrischten sich, während rings in der Ebene das Knattern, Pfeifen, Brausen und Schreien forttobte, auf der Mordwiese an den reifen Pflaumen, die in verschwenderischer Fülle von den Ästen hingen, die von

Blut und Brägen zerrissener Menschen bespritzt waren und unter denen sich zerfleischte Leiber zu greuelvollen Gruppen türmten. . . .

Neuer Befehl kam. Italienische Infanterie war ins Wanken gekommen. Das Brausen des Ansturmes der Husaren machte, noch ehe er zum Anprall wurde, aus Rückzug Flucht, aus Flucht Panik. Die Luft, die über die blutigen Säbel der Reiter strich, wehte Todeshauch in die gelösten Glieder der über das Feld Hinflüchtenden. „Jetez les armes!" Die Gewehre flogen den Gehetzten willig aus der Hand, waffenlose Arme flehten um Pardon. . . .

Vor Globig fiel dem wilden Heer württembergisches Geschütz in die Hände. Ein Husarenleutnant zwang die Kanoniere, den Stahl vor ihre Gurgel rückend, das Geschütz auf die fliehenden Haufen des eigenen Heeres zu richten. „Triff! Oder —!" Der Schuß krachte. Der glückliche schwäbische Schütze wandte sich vertraulich und eifrig dem drohend neben ihm haltenden Offizier zu: „Gelten S', es hat getroffe?" „Schinneknecht!" wetterte der Husar, schlug ihm die flache Klinge über den Schädel und brauste vorüber. . . .

Durch die verödeten Dorfgassen tobte die Blutjagd auf das menschliche Wild. Hans Leerkamp folgte in tollem Ritt einem französischen Dragoner und ließ in grausamer Lust gerade von dem einen nicht ab, der in Todesschrecken vor ihm her floh. Es war die Todeshatz gegen ein halbtolles Wild, kein Verfolgen eines Menschen mehr. An dem Querbalken eines Tores, durch das er ein rettendes Bauerngehöft zu erreichen strebte, zerschellte sich der Franzose im Anprall den Schädel....

Und nun hörte Leerkamp wieder mit wildherziger Lust das Wort, das ihn einst in die Reihen der Husaren getrieben hatte. Heut' galt es ihm selber. Ein ostpreußischer Musketier rief's ihm zu: „Ji möta uck Dodenköpp hebba!"

In und um Wartenburg verbrachten die Husaren nach der Blutarbeit des Tages die Nacht. Major Bismarck, dem die Insubordination Leerkamps, der gegen die Order vor seinen Augen den Inhalt der Feldflasche hinabgestürzt hatte, nicht entgangen war, ließ gerade ihn die erste Wache beziehen.

So konnte sich Leerkamp nach der hülfreichen Erschöpfung des wilden Tages nicht durch einen bleiernen Schlaf gegen das allmähliche Nachlassen der alkoholischen Anspannung schützen und mußte sich krampfhaft wach halten, so sehr er völliges Vergessen ersehnte.

Die Minuten schlichen dahin. Der innere Zwiespalt klaffte wieder wie vorher. Der blutige Tag hatte nichts geholfen. Ein Wirbel von widerstreitenden Gefühlen ging durch sein übernächtiges Hirn. Er fühlte sich elender als je. Halb zog es ihn hin zu diesen Menschen, denen er sich in Verzweiflung beigesellt hatte und halb haßte er sie, weil sie ihn doch nicht völlig heilen, sondern nur durch halbe Heilung ganz verderben konnten.

Er empfand auch deutlich, daß die Husaren seine Trinkerbravour verachteten. Der Major hatte schuld daran. Schließlich hatte er recht. Mochten sie alle recht haben gegen ihn! Was lag daran? Aber der leichte Beigeschmack der Schande, den er am Morgen mit einer unsinnigen Lust geschmeckt, war, wenn nicht bitter, so doch schal geworden.

Eine Stunde war vergangen. Da tat sich die Tür zu des Majors Zimmer auf. Der Major setzte einen Stuhl vor die Tür und ging an der Wache vorbei zum Hoftor. „Husar, du wirst müde sein. Einen Stuhl heut' nacht wird das Reglement schon vertragen können."

Hans Leerkamp sah betroffen auf. Was wollte der Major von ihm? Wollte er auch bekehren wie der kleine Jochen Timm?

Leopold von Bismarck stand auf der Schwelle des Gehöfts und sah in den stillen, nachtdunklen Himmel. Der fremde Mann unter seinen braven Jungen machte ihm zu schaffen. Das Holz, aus dem die anderen geschnitzt waren, kannte er. Hier war ein Mann und ein Schicksal, das ihm fremd war und sich vor ihm verschloß. Er war halb verdrießlich, halb mitleidig. Er hatte den Husaren im Auge behalten, und sein scharfer Blick hatte wohl bemerkt, daß er keinen Lumpenkerl vor sich hatte, wie er zuerst geargwöhnt. Nun hatte er ihn heute hart angefaßt, um ihn zurechtzureißen. Der Mann hatte im Kampfe seine Pflicht getan, und mehr als das. Vielleicht war die Rekrutenkur, die er mit ihm vornahm, nicht das Rechte.

Die Gedanken gingen dem alten Reiter durch den Kopf, während er die frische Nachtluft in sich sog. Jochen Timm würde von ihm gesagt haben: er ist wie ein Vater, den ein barsches Wort gegen den Sohn nicht schlafen läßt, ehe er weiß, ob er's mit Recht gesprochen.

Nach einer Weile drehte er kurz um und ging nach seinem Zimmer, um endlich Schlaf zu suchen. Halb in der Tür wandte er sich noch einmal zurück und sprach unvermittelt ein paar seltsame Sätze zu dem Husaren ins Dunkle: „Erlebnisse machen gut und schlecht. Ein gut Stück dessen, was wir unseren Charakter zu nennen belieben, ist nicht viel mehr als ein Erlebnis der Seele. Zufällig und wandelbar. Ist wie ein Feld, das bestellt sein will auch nach Notjahren. Sieht manchmal böse aus nach Notjahren. Es kann niemand sein Feld davor schützen, daß ein Lump es vertrampelt. Aber ist der Boden wahrhaftig gut, so mag immerhin ein Kerl seinen Unrat darauf werfen, für eine Weile erstickt er die Frucht, zuletzt wird das Schlechte zum Dung fürs Gute. Gute Nacht, Husar!"

Er trat gleichmütig in sein Zimmer zurück, als habe er eine alltägliche Bemerkung über das Wetter gemacht.

Hans Leerkamp starrte ihm nach. Was wollte der Mann von ihm? Woher kamen ihm, der nichts von ihm wußte, die dunklen Worte, die seltsam weckend an die verschlossenen Pforten seines Innern schlugen? Diese allgemeinen Sätze, die so klingend an das Besondere in ihm rührten? Dieser Mann war wie die Verkörperung alles dessen, wovon jeder seiner Reiter ein Stück hatte. Sie waren nach seinem Geist geprägt, nur schienen alle neben ihm noch unfertig. Er war die reife Erfüllung dessen, was in ihnen allen noch im Werden war. Und Hans Leerkamp war, als spürte er, schärfer als je, daß dieser Geist, der den fremden Einschlag nicht vertrug, ihn umschmelzen oder ausstoßen mußte. Der Geist der Schwadron, der herrisch und treuherzig zugleich nach ihm griff, gewann Gestalt in dem Manne, dessen Hand er gleichsam auf seiner Schulter gespürt hatte. Und er müßte sich, von seiner Macht freizukommen und sich in ihm all der anderen zu erwehren. Sich ihrem Geiste beugen, hieß alles fahren lassen, was in ihm war. Er wollte sich nicht völlig verlieren. Was hatte er noch, wenn seine Weltverachtung ihre peitschende Kraft verlor? Seine wüste Art, die jetzt sein Halt und sein Recht war, wurde zum Aussatz, wenn er die Art der anderen ehren mußte...

Um Mitternacht löste Jochen Timm ihn ab. Er sah mit Erstaunen den Stuhl. „Vom Major", sagte Leerkamp, seine Frage kurz abschneidend. Die Augen des anderen leuchteten auf. „Zeig' mir noch einen, der heute nacht an so etwas gedacht hätte!" Leerkamp schritt fluchtartig aus dem Hause, es war ihm wie eine Befreiung, als er den Mauern des Hofes entronnen war.

In der Frühe des anderen Morgens weckte ihn ein unerwarteter Alarm. Oberst Warburg, der Regimentskommandeur der Husaren, raffte, was an Soldaten in der Nähe war, an sich. Ein Priester hatte ihn aus den Federn geholt und jammernd um eine Sauvegarde für das Gotteshaus gebeten, in das die Soldateska raubend und brennend einbräche. Als Hans Leerkamp hörte, um was es sich handelte, glomm eine häßliche Schadenfreude in ihm auf: die Manneszucht war ein Firnis, jetzt kam das faule Holz zum Vorschein, das darunter stak!

Der Oberst schäumte vor verhaltenem Zorn neben dem angstroten Priester, der sich dicht neben ihm hielt. So kamen sie in die Kirche.

Aber sie fanden etwas anderes, als sie erwartet. Das Schiff des Gotteshauses war voll von preußischen Soldaten und Offizieren. Husaren und Musketiere knieten in schweigender Ergriffenheit vor dem Altar und hielten, von gleichem Drang getrieben, einen stummberedten Dankgottesdienst ab für den Sieg, den der Herr der Heerscharen ihnen verliehen hatte.

Warburg sah nach dem Priester. "Suchen Sie eine bessere Sauvegarde?" Der stahl sich wortlos beiseite. Noch sah Leerkamp, wie der Oberst dem ihm befreundeten Bismarck, der zwischen einem schwarzen Braunschweiger Totenkopfhusaren und einem abgerissenen Musketier kniete, die Hand derb und herzhaft schüttelte und ihm erzählte, was ihn hergeführt.

Leerkamp floh ins Freie. Die da drinnen dankten für ein Gottesgericht zwischen zwei Völkern, er hatte nur ein Massaker erlebt.

Sie machen mich toll! knirschte es in ihm. Eine Kugel für mich stopfte ihnen und mir das Maul! So wär' uns allen geholfen.

Die Gelegenheit zu solcher Lösung ließ nicht auf sich warten. Es kam der Tag von Möckern und Leipzig.

Das Regiment hielt in der Frühe des Sechzehnten, des Kommandos zum Abmarsch gewärtig, auf der Straße nach Lindental. Da sah Leerkamp, der dicht hinter Bismarck hielt, einen blutjungen Fähnrich auf den Major zureiten. Er bat freimütig, ohne Spott besorgen zu müssen, ihn auf Minuten zu beurlauben. Wenige Schritte vom Sammelplatz wohne sein Hauswirt aus Studententagen in Halle, früher Grenadier unter dem großen König, nun Chausseeinnehmer, und es treibe ihn, den alten Soldaten wiederzusehen.

„Oh, da nehmen Sie mich mit," rief Bismarck in einer raschen Wallung, „da wollen wir uns den Soldatensegen für heute geben lassen!"

Indem kam der Invalide selbst schon aus dem Haus an der Straße gehastet, preßte herzhaft die Hand des Fähnrichs und legte seine Rechte segnend auf den jungen Scheitel, der sich leise vor dem grauen Zeugen einer verschütteten großen Zeit neigte. Alle, die den Greis und den Jüngling sahen, fühlten sich seltsam bewegt. Leopold von Bismarck aber sagte leise und schlicht, doch so, daß alle seine Reiter es in der andächtigen Stille der Stunde vernahmen: „Oh, so segnen Sie mich auch, mein alter Kamerad! Ich bedarf des göttlichen Gnadensegens so sehr wie irgendeiner!"

So standen Jüngling, Mann und Greis als freimütige Zeugen einer mannhaften Frömmigkeit in wortloser Ergriffenheit ein paar Herzschläge lang im Gebet vor Gott, dessen Kraft durch die welken Hände des Alten auf das blonde Haupt des Fähnrichs und den ergrauenden

Scheitel Bismarcks überzuströmen schien. Aus der Ferne orgelten die Kanonen von Leipzig . . .

Dann sprengte der Major die Front ab. Seine Augen blitzten, und seine Stimme war rauh und markig: „Kinder, das sage ich euch: den ersten, den ich heut' weichen sehe, haue ich mit eigner Hand vom Gaul, gebe euch auch das Recht, mich vom Sattel und in Stücke zu hauen, wenn ihr mich wanken seht!"

Hans Leerkamps Augen folgten dem mächtigen Manne. War das derselbe, der eben vor seinen Augen gebetet wie ein Kind? Er sah die Marketenderin nicht, die kreischend neben ihm ihren Branntwein ausrief. Vergangenheit und Zukunft versanken zum erstenmal unter ihm, und die Stunde gewann Macht über ihn.

„Richt' euch! Regiment marsch!"

Alle Herzen schlugen den Takt zu dem Trab auf der aufgeschotterten Straße. Der Lärm der Schlacht kam näher. Das Brummen der Geschütze wurde tiefer, und dazwischen klang das Infanteriefeuer, als ob Karrenladungen von Glas auf Straßenschlotter verschüttet würden.

Bei Schkeuditz erlitt die Schwadron die ersten Verluste. Ein Hohlweg nahm die Reiter auf und barg die Aussicht. Die Gäule kletterten stürmisch bergauf. „Kammhaare gefaßt! Achtung!" Nun wurde der Blick frei. Die Wahlstatt dehnte sich vor den Reitern.

In der Ferne war ein Gewimmel von Kinderspielzeug. Die niedlichen Dinger sandten pfeifende Grüße herüber, die als bleierner Schloßensturm über die Schwadronen hinfegten.

Der Schimmel des Majors stützte zusammen. Hans Leerkamp stockte der Herzschlag. Zum erstenmal gab er sich keine Rechenschaft über seine Gefühle. Er starrte auf Roß und Mann vor ihm am Boden wie auf ein Unmögliches. Aber schon saß Bismarck wieder zu Pferde. „Noch nicht, Kinder!" rief er scherzend zurück. „Der Racker scheut das Feuer." Und er klopfte dem Tier den Hals.

Ein Ordonnanzhusar sprengte über das Feld und brachte Meldung. Der Fuchs, auf dem er heranpreschte, schien von der Höllenglut, die hinter ihm zwischen Erde und Himmel lohte, ausgespien, heranzubrausen. Die Ziegelscheune von Möckern loderte als gigantische Fackel dem Todesritt der Husaren voraus.

Die Ordonnanz nahm ihren Platz im ersten Gliede. Leerkamp mußte ein Glied zurück. Im selben Augenblick schlug der Ankömmling torkelnd von dem schaumbedeckten Gaul, der aufbäumte und in die Hölle zurückraste, aus der er kam.

Die Schwadron, die wie bei Wartenburg wieder tatenlos im mörderischen Feuer der Paßkugeln und Granaten hielt, wurde unruhig.

„Leerkamp, reiten Sie nur wieder ins Glied zurück! Die Stelle ist noch warm."

Dann war keine Zeit mehr für Worte. Ein Marineregiment, kaiserliche Garde, schob sich bedrohlich gegen die preußischen Stellungen vor. Das mußte vom Tanzplatze gefegt werden. „Zügel kurz! Fausttriemen über die Hand! Trab! Marsch, marsch! Hurra — — —!"

Die Garde schloß das Karree. Die menschlichen Quadern des sturmerprobten Vierecks standen drohend und bewegungslos ineinandergefügt wie eine Steinmole gegen die Sturmflut.

Auf dreißig Schritt kamen die Schwadronen heran. Die eiserne Manneszucht der kaiserlichen Garde ließ kein Leben in der menschlichen Mauer drüben erkennen. Die Husaren schwenkten nach rechts und links ab, das Karree zu umfassen, wie auf dem Exerzierplatz.

Die Garden standen wie steinerne Grabmale.

Aber nun war es, als flöge das Viereck krachend und tosend in die Luft wie ein Pulverturm. Flammengarben spritzten den Husaren entgegen. Ein Samum von Feuer brauste ihnen entgegen. Es war, als mähte eine ungeheure glühende Sense durch die Schwadronen, so stürzten Mann und Roß zusammen.

Bäumend setzten die Hintermänner über die vorderen Glieder, die in einen Haufen zusammengeworfen waren wie Schachfiguren. Und zum zweitenmal holte die höllische Sense aus und mähte die menschlichen Schwaden. Und über die blutigen Garben brausten, alles vernichtend, die letzten Glieder der Schwadronen. Und dann der Anprall. Die Sense des Unholds versagte. Mann war an Mann, und das Gemetzel begann. Säbel und Kolben sprachen das letzte Wort.

Das Karree war gebrochen. Die steinernen Grabmale lagen gestürzt, leblos und reglos wie zuvor. Nur einzelne Gardisten flohen noch über das Feld und wurden von den Husaren aufgebracht.....

Beim ersten Ansturm hatte Leerkamp den Schimmel des Majors zum zweiten Male zusammenstürzen sehen. Und wieder setzte sein Herzschlag aus, aber er wartete vergebens auf Bismarcks: „Noch nicht, Kinder!" Und es war keine Zeit zu warten. . . .

Aber fast in dem Augenblick, in dem Leerkamp den Major fallen sah, erblickte er zugleich vor sich den blitzenden Adler der kaiserlichen Garde im Getümmel wie einen Funken im Ruß. Und augenblicklich durchfuhr ihn der leidenschaftliche Wille, der, kaum Wille, schon zur Tat wurde: den Adler her und in Bismarcks Hand, solang' sie noch warm ist!

Er stieß wie ein Raubvogel auf den goldenen Adler und zersetzte mit seiner Klinge das Dickicht menschlicher Leiber, auf denen er horstete. Und dem Rasenden gelang's unverletzten Leibes, das Zeichen von der splitternden Stange über einem Haufen Toter und Todwunder zu brechen. Es war der erste und einzige Adler der kaiserlichen Garden, der in deutsche Hände fiel.

Aber als Leerkamp sich dann durch das Gewoge der Kämpfenden arbeitete, um zu Bismarck zurückzukehren, fand er weder Schimmel noch Reiter. War der Major noch am Leben? Hatte man den Gefallenen hinter die Linie zurückgebracht?

Hans Leerkamp war, als müsse er den Adler in den blutigen Staub unter die Hufe seines Rosses werfen. Gleichgültig übergab er die Beute einer Ordonnanz, die an ihm vorübersegte.

In der Ferne wurde Sammeln geblasen. Er ritt freudlos und ernüchtert zurück. Hinter einer Bodensenkung schleppte sich humpelnd ein herrenloser Schimmel mit zerschmetterter Vorderhand. Es war Bismarcks Wallach. Hans Leerkamp sprang zur Erde, klopfte dem armen Tiere den Hals und setzte ihm das Pistol hinters Ohr. Der Schuß krachte, und der Schimmel stürzte in sich zusammen, wie vom Blitz erschlagen.

Der Schall des Pistols sang in Leerkamps Ohren, und ihm war, als hätte ihn der scharfe

Knall mit einemmal geweckt. Klar und deutlich empfand er: das Signal zum Sammeln, das sich in der Ferne unermüdlich wiederholte, galt nicht mehr ihm. Das Feuer, das die große Stunde in ihm geschürt, war niedergebrannt. Er hatte erstmals das Große und Gewaltige, von dem die andern zehrten, von innen heraus als lebendige Kraft empfunden, aber er hatte keinen Teil daran. Er war ein Eindringling, der mit schmutzigen Fingern nach reinen Waffen gegriffen hatte, er hatte den Geist der Zeit gekostet wie ein Unwürdiger, der mit unreinen Gedanken nach dem Kelch des Herrn greift, und im Abendmahl der göttlichen Kraft inne wird, die ihn verdammt. Der wilde Geist, bisher sein Halt und sein Recht, war nun doch in Aussatz verwandelt.

Der Geist der Schwadron hatte gesiegt. Ohne Groll spürte er das, doch auch ohne Freude. Jetzt erniedrigte ihn das Große, das ihn noch eben getragen hatte. Die Scham fraß in ihm über das Wolfsdasein, das er bisher geführt, über die Gefühle, die er verborgen, den kleinlichen Hohn gegen das Große, den armseligen, toten Spott gegen die lebendige Kraft. Seit heute wußte er, was die Worte Volk und Bruder bedeuten, denn er hatte einen Hauch der Glut verspürt, der die vielen zu einer Einheit zusammenschweißt, aber er empfand zugleich, daß er wie ein durch eigenen Richtspruch Gebannter und Unwürdiger vor der Kirche stand, in der die andern beteten.

Tiefer und tiefer wühlte die Scham. Es trieb ihn, sich unerkannt beiseite zu schleichen. Was dann aus ihm wurde, kümmerte ihn nicht. Sein Leben unter den alten Kameraden konnte für ihn von nun an nur noch ein unaufhörliches beschämendes Schuldgeständnis sein. Die Waffen würden ihm in den Händen brennen wie eine Fahne, die er besudelt hatte und nun in ehrlicher Begeisterung tragen sollte. Das war unmöglich. Hart und unerbittlich stand es in ihm fest. Der Geist der Schwadron hatte ihn ausgespien als ein Unreines. Es war ihm sein Recht geschehen. Er hatte — das wußte er jetzt — ein heiliges Feuer mißbraucht wie ein Mordbrenner. Durfte er sich nun daran wärmen? Nein, fort von hier, je eher, je besser! Mochten sie ihn zu den Toten zählen!

Er warf noch einen Blick nach Bismarcks totem Gaul, der wie ein Schneeklumpen in einer Bodensenke lag, und ritt in einem müden Trabe weiter.

Als der Abend tiefer hereindunkelte, legte Hans Leerkamp den Schnürrock ab, den er so lange als ein Unwürdiger getragen hatte, und kleidete sich in den Kittel eines gefallenen Kompagniechirurgen. Als solcher würde er überall durchgelassen werden, weil sie ihn überall brauchten. Er wollte den Posten vortäuschen, er sei kommandiert, einen hohen preußischen Offizier zu verbinden. Hielt man ihn dennoch hier oder da an den Verbandsplätzen auf, so würde er auch nicht übler mit den Blessierten umgehen als irgendein anderer Feldscher. So brauchte er für's erste keine Entdeckung zu fürchten, und irgendwo würden sich schließlich Kleider eines Bürgers oder Bauern auftreiben lassen, um völlig davonzukommen. . . .

Hans Leerkamp ritt eine Allee mächtiger Kastanien hinab, deren düsterschattende Kronen das nächtliche Dunkel noch schwärzer zusammenrinnen ließen. Seine Stirn war zusammengezogen, aber er suchte vergebens nach einem klaren Gedanken über das, was werden sollte. Herz und Hirn waren wie ausgebrannt.

Sein Wallach machte einen jähen Seitensprung. Er schrak auf. Eine helle Gestalt stand dicht neben dem schaudernden Braunen und hob wie beschwörend die Hand. Er parierte hart.

Eine junge Dame in hellem Kleid rief zu ihm auf: „Halt! — O Gott, halten Sie!" Und dann tief aufatmend: „Gott sei Dank! Sie sind Chirurg! Oh, rasch, rasch! Kommen Sie! Helfen Sie!"

Leerkamp grüßte militärisch. „Ich habe Dienst, Fräulein. Was wollen Sie von mir?"

„Sie müssen kommen!" rief die Dame, „es gibt keinen Dienst, der nötiger ist! Das Herrenhaus von Lütschena liegt voll verstümmelter Preußen. O Gott, kommen Sie!"

Sie zeigte auf einen Lichtschimmer, der durch die Nacht der Allee brach. „Hier, gleich hier! Sie dürfen nicht vorbeireiten!"

Hans Leerkamps erster Gedanke war gewesen, sich zu verleugnen und davonzureiten. Nun besann er sich auf seine Menschenpflicht. Er dachte nicht darüber nach, wie es kam, daß dieses Wort wieder Klang für ihn hatte. „Wenn es sein muß", sagte er, und ritt wortlos im Schritt neben der zitternden jungen Dame auf die schimmernde Schloßfront zu, deren weißlicher Lichtschein sich mehr und mehr aufhellte.

Nach einer Weile hörte er wieder die Stimme des Mädchens neben sich. „Haben Sie etwas von den Mecklenburger Husaren gehört?"

Leerkamp blickte erschrocken an sich hinab, er fürchtete einen Zufall, der ihn entdecken könnte. Das Mädchen fuhr fort: „Ein Major Bismarck liegt schrecklich zerschossen bei uns. Er klagt unaufhörlich nach seinen Husaren."

Leerkamp hörte nichts mehr. Er dachte nicht mehr an das Kleid, das er trug. Er fürchtete keine Entdeckung. Er wußte von keiner Verkleidung. Er stieß seinem Braunen die Sporen in die Weichen, ging unmittelbar aus dem Schritt in eine tolle Karriere über und ließ die erschrockene Dame, ohne zu antworten, hinter sich zurück. An der Rampe des Herrenhauses stürzte er sich so sinnlos vom Gaul, daß er beinahe im Sturz das Genick gebrochen hätte.

Im nächsten Augenblick schritt er durch einen Saal voll ächzender Menschen, die auf blutigem Stroh und Matratzen lagen, und stand vor dem Major.

Leopold von Bismarck lag besinnungslos mit geschlossenen Augen auf einem Federbett, dessen Kissen wild durcheinandergeworfen waren. Das Gesicht stand voll Schweiß und war schmerzvoll verzogen.

Leerkamp richtete mit Hilfe eines leichtverwundeten Musketiers den Oberkörper des schweren Mannes in die Höhe, zerschnitt die blutsteife Montur um Arm und Brust und löste die brettartigen Streifen behutsam von dem wunden Leib.

Und dann wußte er, daß hier kein Arzt der Welt mehr helfen konnte. Die Erkenntnis war wie ein Schlag. Die französische Kugel war unter der linken Schulter eingeschlagen und, einen Teil der Lunge zerreißend, am Hals wieder herausgetreten. Er legte einen blutstillenden Verband an und fühlte dumpf, daß ihm die Hände schwer wie Blei waren und kaum gehorchten.

Er wandte sich ab. Das Fräulein stand neben ihm. "Ist es lebensgefährlich?" Leerkamp zuckte die Achseln. "Nun muß ich weiter."

Er wollte über die Schwelle treten. Da wälzte sich ein schwerwundeter Musketier vor seine Füße und sperrte ihm den Weg. "Nun kommen wir daran!" ächzte er. Leerkamp beugte sich willenlos zu ihm nieder und half ihm, so gut er konnte.

Als er wieder aufblickte, stand ein hünenhafter Ostpreuße, der über einem Bottich geronnenes Blut vom Kolben seiner Muskete wusch, breitbeinig vor der Tür. "Herr Chirurg, hier liegen noch mehr von Ihren Brüdern!" sagte er drohend, und wies auf seine Kameraden.

Leerkamp sah sich gefangen von diesen Menschen, die mehr tot als lebendig waren. Das Wort "Brüder" durchfuhr ihn seltsam, er tat schweigend seine Pflicht an den stöhnenden Menschen.

Als er gerade um einen bartlosen Jungen bemüht war, der schmerzlich das Gesicht unter seinen Händen verzog, und einen pfeifenden Schmerzenslaut schrill durch die zusammengepreßten Zähne stieß, fuhr plötzlich ein brauner Arm an ihm vorbei, und eine Männerhand legte sich drohend, doch nicht hart, auf die Lippen des Wimmernden. "Still, Junge! Du hast den Major geweckt!"

Leerkamp sah auf. Bismarck hatte sich, von der Dame unterstützt, in den Kissen höher geschoben. „Hat man von meinen armen Husaren gehört?"

Hans Leerkamp wollte zu ihm stürzen und ihm sagen, was er wußte, da sah er das Kleid, das er trug, und fühlte, zu welcher Rolle er sich verdammt hatte. Er durfte nur stummer Zeuge sein und konnte dem Major nicht einmal den armen Trost spenden, den er zu geben vermocht hätte. Er biß die Zähne aufeinander und machte sich mit tiefgesenktem Gesicht an einem Blessierten neben dem Lager des Majors zu schaffen.

Da redete Bismarck weiter, und Leerkamp lauschte mit angehaltenem Atem. „Wüßt' ich nur, was aus meinem guten Schimmel geworden ist! Ich hab's noch am Boden gesehen, daß ihm das linke Bein zerschmettert war."

Das junge Mädchen beugte sich über den wunden Mann und sprach ihm flüsternd zu. Leerkamp haßte sie in diesem Augenblick. Bismarcks Stimme klang wieder: „Ich konnt' ihm nicht mehr davonhelfen. Armer Kerl! Hätt's besser verdient."

In Leerkamps Kehle würgte ein Schluchzen. Er haßte sich selbst mit ingrimmigem Haß, daß er sich selber zum Schweigen verdammt hatte in dieser Stunde. Der wunde Mann quälte sich auf dem Sterbelager um einen armseligen Gaul, dessen Not er im Todessturz mehr beachtet hatte als die eigene, und er durfte ihm nicht einmal sagen, daß der Schimmel eine barmherzige Kugel gefunden hatte!

Einer der Musketiere richtete sich halb auf. Die Ostpreußen kannten den Major, der sie bei Wartenburg mit seiner Schwadron herausgehauen hatte. „Herr Major," sagte er mühsam, mit rauher Gutmütigkeit, „Ihren Schimmel kennen die Husaren. Sie werden ihn nicht vergessen haben, wenn ihm eine Kugel not tat." Die Dame weinte. „Prächtige Leute!" stöhnte der Major und sank wieder in die Kissen.

Leerkamps Hände arbeiteten mechanisch weiter. Doch hielt er sich immer in der Nähe von Bismarcks Lager. Plötzlich fühlte er sich unsanft von dem riesigen Musketier, der nicht von seiner Seite wich, zurückgerissen. „Den da nicht!" murrte er. „Hier sind noch Preußen genug, siehst du nicht, daß das ein württembergischer Hundsfott ist?"

Bismarck mußte aufmerksam geworden sein. „Der Chirurg soll keinen Unterschied machen!" — Die Sätze kamen klar wie ein Kommando von seinem Lager. — „Ein krankes Volk wollt Ihr gesund machen und laßt Deutsche verkommen? Wir sind ausgeritten, eigene und fremde Schuld zu tilgen, nicht größer zu machen. Vorwärts, Chirurg! Hier im Hause sind nur Brüder!"

Hans Leerkamp schoß das Wasser in die Augen. Er konnte dem Major nicht helfen, nicht mit dem armseligsten Troste, nun half jener ihm selbst. Er hatte keins der Worte des sterbenden Offiziers verloren. Diese Worte waren wie ein Vermächtnis und hatten eine tiefe, erlösende Kraft. Sie waren eine hilfreiche Freundeshand, die sich nach ihm ausstreckte. „Wir sind ausgeritten, eigene und fremde Schuld zu tilgen, nicht größer zu machen. Hier im Haus sind nur Brüder." In der warmen Glut dieser Worte verbrannte auch seine eigene Schuld, von der er geglaubt hatte, sie mache ihn aussätzig und unwürdig.

Jetzt wußte er, dieser Gedanke war kleinlich gewesen. Er hatte nur an sich gedacht in seiner Scham, nicht an das Ganze, von dem er ein Teil war, und dem er auch dann noch helfen konnte, wenn ihm selbst nicht mehr zu helfen war. Im Trotz wie in der Scham hatte er nur an sich gedacht, jetzt erst wurde er von sich selbst erlöst, und das Wort von den Brüdern, das der Sterbende gesprochen hatte, bekam Kraft. In dieser Stunde wurde ihm das Vaterhaus geschenkt, er wurde zum Glied eines Volkes, das selbst erst im Werden war. Zum zweiten Male nahm ihn Leopold Bismarck in Pflicht für die preußische Fahne.

Er fühlte den übermächtigen Drang, zu danken und zu den Füßen des Majors auszuströmen, was er so tief und stark empfand. Die Zunge war ihm gebunden. Nur seine Augen gingen wieder und wieder zu dem Sterbenden hinüber und trugen alles, was an Verehrung, Dank und guten, starken Gefühlen in ihm war, zu seinem Schmerzenslager...

Gegen Morgen war seine Arbeit getan. Da auf einmal sah er Jochen Timm ungestüm durch den Saal stürmen und zu des Majors Lager stürzen. Er vermochte nur wenige Worte zu verstehen, die beide wechselten. Der Major fragte nach seinen Husaren. Fast jeden einzelnen Namen glaubte Leerkamp zu hören....

„Haben wir gesiegt, Jochen?"

„Niemand weiß es noch, Herr Major. Gott ist mit uns."

„Das ist ein gutes Wort, Jochen. Amen."

Und nach einer Weile: „Kannst du mir einen Wagen requirieren, Jochen? Ach so, du bist selbst blessiert! Durch's Bein, Junge?"

„Ein Fleischschuß, Herr Major. Hat nichts zu sagen. Für Sie sitz' ich noch auf, und wenn ich halb bin."

Hans Leerkamp fühlte keinen Neid, als er den jungen Kameraden an der Stelle knien sah, wo er selbst für den Preis seines Lebens hätte liegen mögen. Nur ein tiefes, dankbares Glücksgefühl war in ihm, daß der Major aus den Händen dieses guten Jungen noch den Trost nehmen durfte, den er selbst nicht reichen konnte.

Jochen Timm durchschritt hinkend den Saal, einen Wagen herbeizuschaffen. „Grüß' meine Husaren, Jochen! Will's Gott, führ' ich euch noch nach Paris."

Da ging Hans Leerkamp, überwältigt von dem Glück und dem Weh der Stunde, in den kühl aufdämmernden Morgen hinaus. Er allein wußte, daß Leopold Bismarck sterben mußte. Er warf sich auf die nachtfeuchte Erde und schluchzte wie ein Kind.

So lag er lange, bis ihn das Rattern von Jochen Timms Wagen aufschreckte. Er barg sich hinter einen Baum und sah, wie der todwunde Mann auf den Wagen gehoben wurde. Die Pferde zogen an. Hans Leerkamp trat aus seinem Versteck und blickte dem Wagen nach, bis er in der Tiefe der Allee verschwand. Dann warf er sich auf sein Pferd und jagte nach Möckern zurück, den Chirurgenrock wieder mit der Husarenmontur zu vertauschen und die Brüder zu suchen, die ihm der Sterbende geschenkt hatte.

www.ingramcontent.com/pod-product-compliance
Lightning Source LLC
Chambersburg PA
CBHW070208250426
43668CB00049B/2005